멀 해도 잘되는
사람의
독서법

뭘 해도 잘되는 사람의 독서법

초판 1쇄 인쇄 2023년 7월 17일
초판 1쇄 발행 2023년 7월 27일

지은이 | 이재성
펴낸이 | 김의수
펴낸곳 | 레몬북스(제396-2011-000158호)
주 소 | 경기도 고양시 덕양구 삼원로73 한일윈스타 1406호
전 화 | 070-8886-8767
팩 스 | 031-990-6890
이메일 | kus7777@hanmail.net

ISBN 979-11-91107-40-1 (03320)

뭘 해도 잘되는 사람의 독서법

삶이 바뀌는 전략적 책 읽기

이재성 지음

레몬북스
lemon books

독서를 하면 했지
무슨

독서법이냐고?

"내 언어의 한계는 내 세계의 한계다." 언어철학자 비트겐슈타인의 말이다. 그렇다. 내가 가지고 있는 언어 곧 생각하고 말하는 언어들이 내 세계를 증명한다. 나와 언어와 세계는 삼위일체다. 내가 없이 언어와 세계가 있을 수 없고, 언어 없이 나와 세계가 있을 수 없다. 인간은 영·혼·육으로 구성되어 있는데, 영은 세계를, 혼은 언어를, 육은 나를 의미한다.

인간은 어느 누구든지 뭘 해도 잘되고 싶어 한다. 어느 곳에서 무엇을 하든 자기의 세계를 확장하고 싶어 한다. 잘사는 사람 못 사는 사람 심지어 노숙자까지도 자기의 세계가 남보다 조금 더 크면 자랑하는 게 인간이다. 인간이 모두 그렇다면 이왕 이 땅에 태어나 한 번 사는 인생인데 잘 살아보면 안 될까? 내 세계를 넓혀보면 어떨까?

해법은 하나다. 영과 육의 가운데 서 있는 혼을 언어로 먹이는 것이다. 곧 내 생각과 정신에 책을 읽혀 다양한 언어를 주입시키는 것이다. 다양한 관점을 갖게 하는 것이다. 영·혼·육이 충만한 사람, 즉 내(육) 언어(혼)의 세계(영)를 확장시키려면 '독서'에 눈을 떠야 한다.

책이라는 배를 타야 한없이 크고 넓은 인생의 망망대해를 항해할 수 있다. 인생이 잘나가다 표류하는 이유는 내 세계가 작기 때문이다. 돈이 많아도 외적인 것들이 휘황찬란해도 무형의 재산이 없으면 언젠가는 난파한다. 돈과 여러 가지 유형의 재산은 항해 도중 도적을 만나면 모두 빼앗기고 만다. 하지만 보이지 않는 무형의 재산인 언어는 빼앗기지도 않을뿐더러 오히려 그 위기를 기회로 만든다.

언어는 내가 살아가는 모든 세계를 넓혀준다. 생각의 세계, 사상의 세계, 관계의 세계, 물질의 세계, 회사의 세계, 사업의 세계, 알바의 세계, 사랑의 세계, 가정의 세계 등 모든 세계를 넓혀주고 든든하게 세워준다. 그것이 바로 독서다. 세상 모든 것이 글 아닌 것이 없다. 글을 읽고 해석해야만 어떤 세계든 침투할 수 있고 또 다른 세계를 창조할 수 있다. 책 외에는 달리 방법이 없다.

　나는 매일, 매시간, 매분, 매초마다 독서를 통해 언어의 세계를 넓히고 있다. 잠자리에서 일어난 후, 출근하는 전철에서, 회사에서 시간 날 때마다 틈틈이, 귀가하는 전철에서, 집 소파에서, 거실에서, 화장실에서, 서재에서, 자기 전 침대에서 독서를 한다. 타인과의 대화 시간에는 책이 없지만 사람을 하나의 책으로 보고 대화를 통해 인간이란 책을 읽어나간다. 서른 살 이후로 책을 읽고 언어를 확장시키면서 암흑 같은 인생에 틈이 생기고 빛이 들어왔다. 책 읽기 전에는 생각 속에 언어가 없으니 늘 육체만 만족시키는 어둠의 인생을 살았다. 어느 날 생각에 언어들이 꽉 차면서 육체와 정신이 영, 곧 세계를 넓히는 일들에 매진하게 되었다. 인생의 자세가 바뀌고, 얼굴이 바뀌고, 말투가 바뀌고, 가치관이 바뀌고, 시선이 바뀌었다.

　책을 읽었다고 갑자기 차가 바뀌고, 집이 바뀌고, 부자가 된 것은 아니다. 서서히 책에 나온 문장, 언어들을 통해 내 자신이 바뀌고 있었다. 어떤 상황에서도 잘 대처하는 나로 변하고 있었던 것이다. 한마디로 '뭘 해도 잘되는 사람'이 된 것이다. 뭘 해도 잘되는 사람이라고 말하면 사람들은 오해한다. 잘된다고 하면 모든 것을 돈과 연관 지어 말한다. 물론 잘되는 인생은 서서히 돈도 뒤따라온다. 만약 돈이 있다가 없어지면 '뭘 해도 안 되는 사람' 이 된 것인가? 돈은 있다가도 없고 없다가도 있는 것이다. 성공 했다가 실패도 하고 실패했다가 성공하기도 한다. 어떤 상황에 서도 강하고 담대하게 헤쳐나가는 사람이 '뭘 해도 잘되는 사람' 이다.

뭘 해도 잘되는 사람이라는 말은 나를 완전히 바꿨다는 뜻이 다. 거울 속에 비친 내 모습이 마음에 안 든다고 거울을 깨뜨리지 않고 거울 속 나를 바꾸는 것이다. 행복해질 때까지 기다리지 않 고 행복을 창조하기 위해 먼저 웃는 것이다. 저 먼 곳이 안 보인 다고 신세 한탄하지 않고 거인들의 어깨 위로 올라가 먼 곳을 바 라보는 것이다. 나를 바꿔서 세계를 바꾸는 것이다. 지금부터 이 공식을 평생 간직하자.

독서 ▶ 언어의 확장 ▶ 내 세계를 넓힘 ▶ 뭘 해도 잘되는 사람

첫 번째 책『뭘 해도 잘되는 사람의 말투』를 많은 분들이 사랑 해 주었다. 제목의 힘이 컸다. 누구나 뭘 해도 잘되고 싶기에 말 투를 바꿔보려는 것이었다. 내 책이 나올 무렵 유행했던 주제는 '뭘 해도 잘되는 사람의 습관', '뭘 해도 잘되는 사람의 행동', '뭘

해도 잘되는 사람의 얼굴', '뭘 해도 잘되는 사람의 식사' 등 다양했다. 이 모든 것의 공통점은 언어, 바로 책 읽기라는 것이다. 근본은 책을 읽어야 뭘 해도 할 수 있다는 것이다. 그러나 독서는 아직도 버겁고 어렵기만 하다.

OECD 회원국 가운데 한국은 독서율이 꼴찌였다가 조금은 올라왔지만 아직도 밑에서 10위를 벗어나지 못하고 있다. 하나의 정답만 강요받는 일방적 교육 문화에서 다양한 생각을 하기란 쉽지 않다. 독서하기가 싫은 것은 우리나라 교육 탓도 있다고 본다. 어서 독서하는 사람들이 늘어나 한국 사회가 더욱 질서와 균형이 잡히고 다양성이 존중받고 아름다운 나라가 되길 소망한다.

여기에 부합하여 작은 사명으로 나비효과를 일으키기 위해 『뭘 해도 잘되는 사람의 독서법』이라는 두 번째 책을 집필했다. 뭘 해도 잘되기 위해 하는 모든 것의 중심에는 '독서'가 있다. 독서를 해야 뭘 해도 잘되는 노하우가 생긴다. 한마디로 독서는 인생의 '마스터키'와 같다. 책 한 권 읽지 못했던 나도 지금은 매일 책과 신문, 거리에 있는 많은 언어들을 읽고 해석한다. 나처럼 문맹이자 책맹이었던 사람도 매일 책을 읽고 있다. 그것은 바로 '독서법'에 비결이 있다.

독서를 하면 했지 무슨 독서법이냐고 반문할 수 있다. 하지만 잘 생각해 보라. 모든 것에는 기술이 있다. 말투도, 관계도, 사랑도, 운동도 기술이다. 기술을 익히면 뭐든 쉽게 성공한다. 독서도 기술이다. 많은 사람은 독서라는 단어만 들어도 한숨을 내쉬고 책만 펴면 잠이 쏟아진다고 말한다. 아직 기술을 모르기 때문이다. 독서의 기술 즉 '독서법'을 터득하면 독서가 쉬워진다. '독서법'은 독서의 네비게이션이다. 차량에 네비게이션을 장착하면 어느 지역이든 쉽게 찾아갈 수 있다. 이처럼 독서법을 터득하면 그 어려웠던 책 속의 길을 쉽게 헤쳐나갈 수 있다. 책을 제대로 읽기 시작하면서부터 막막했던 나도 『독서불패』를 시작으로 다양한 독서법 책들을 읽어나갔다. 그리고 어느 날 독서의 은혜와 자비, 광명이 임했고 지금까지 하루도 쉬지 않고 책을 읽고 있다.

어릴 적 바다에 빠져 익사할 뻔했는데 간신히 인공호흡으로 목숨을 건졌다. 그 후로 물이란 존재를 무척이나 무서워했다. 30여 년이 지난 지금 물에서 자유자재로 헤엄치고 장난도 친다. 몇 개월 전 수영 기술을 제대로 배웠기 때문이다. 새벽마다 눈물을 머금고 자꾸 가라앉는 몸을 이끌고 두 달간을 억지로 배웠다. 그 억지가 물에서 나를 뜨게 해줬다. 독서가 어렵다고 하소연하지 말고 독서의 기술인 '독서법'을 억지로 꾸역꾸역 익혀보라. 어느 날 책이 친숙해지고 많은 문장이 내 뇌리에 박히는 기적이 일어날 것이다. 다양한 영법을 알면 수영을 자유자재로 즐긴다. 독서법을 알아야 어떤 책이든 자유자재로 읽을 수 있다.

뭘 해도 잘되려면 언어를 확장시켜 뇌를 뜨겁게 하고 생각을 남다르게 해야 한다. 매 순간 가장 근본적인 질문을 던져보자. 왜? 어떻게? 『뭘 해도 잘되는 사람의 독서법』은 두 파트로 나뉜다. 첫 번째로 '책을 왜 읽어야 하는가?'이다. 책을 반드시 읽어야 하는 이유와, 책을 읽게 해주는 동기부여를 기록했다. 책 읽기의 시작이 어려울 때 왜 읽어야 하는지 동기부여를 받으면 쉽게 책을 펼치게 된다. 두 번째로 '책을 어떻게 읽어야 할까?'이다. 책 읽기의 중요성은 한번쯤은 들어봤고 대부분 알고 있다. 그런데도 시도하지 못하고 시도해도 성공하지 못하고 포기하는 이유는 방법론이 없기 때문이다. 두 번째 파트에서 나열한 어떻게 읽어야 하는가를 읽어보면 책 읽기에 대한 두려움이 사라질 것이다. 읽다가 실패해도 포기하지 않고 다시금 책을 읽고 있는 나를 발견하게 된다. 무엇이든 모르면 어렵지만 알면 쉬워진다.

변호사의 독서법, 의사의 독서법 등 뛰어난 사람들의 독서법들이 넘쳐난다. 그들에 비하면 나는 아직 부족하다. 그럼에도 불구하고 책을 읽기 시작하면서부터 지금까지 인생이 서서히 바뀌고 있다. 날마다 행복을 만끽하며 살아간다. 처음부터 뛰어난 사람이 아닌, 연약하고 희망 없이 살아가는 이들에게 오직 책이면 된다는 희망을 주고 싶다. 책을 읽는다고 모두 성공하지 않고 바로 성공하지도 않는다. 다만 내 자신이 독서의 임계치가 차면서 조용한 혁명이 일어난다. 내가 바뀐다. 도피가 아닌 돌파의 힘을 갖춘다. 언젠간 성공할 것이다. 세상 기준인 외적으로 성공하지 못했어도 내 자신의 생각과 말, 행동이 바뀌었다면 이미 성공한 것이다. 꼭 외적인 성공만 진정한 성공이 아니다. 내 자체의 변화가 가장 크고 핵심적인 성공이다.

　우리 인생에는 훌륭한 점, 잘난 점, 미흡한 점, 부족한 점 등 다양한 점이 있다. 이 점과 저 점이 이어지면 언젠가 하나의 선이 되고 인생이 된다. 책을 읽는 행위는 다양한 간접경험들을 내가 경험한 직접경험과 이어주는 것과 같다. 독서가 많은 점과 점을 이어주고 그 점은 시간이 지날수록 점점 더 선이 되어 나를 선한 곳으로 인도해 준다. 다양한 능력을 표출시켜 준다. 선한 영향력을 나타내게 해준다. 뭘 해도 잘되는 사람으로 바꿔놓을 것이다. 그 훌륭한 시작점을 『뭘 해도 잘되는 사람의 독서법』으로 시작하자.

목차

PART 1

왜 읽어야 하는가

나는 거인의 어깨 위에 앉았기 때문에
더 멀리 내다볼 수 있었다.

– 아이작 뉴턴

PART 1

왜
읽어야
하는가

제대로 된 책 읽기를 시작하기에 앞서 우리가 해야 할 것이 있다. 세상 모든 것이 책이라는 사실을 아는 것이다. 종이 책장을 한 장, 한 장 넘긴다고 독서가 아니다. 종이 책을 아무리 읽어도 변하지 않는 것은 살아 있는 책을 읽지 않기 때문이다. 사회생활이 부족한 자가 종이 책에서 읽은 지식으로만 말할 때 사람들은 아무 변화가 없다. 내 앞에 만나는 모든 것들에서 배움을 얻어라. 중요한 것은 내가 살아 있는 책 한 권이 되어 세상에 영향을 주는 것이다.

세상 모든 것이
책이다

이 책을 읽기 전, 주변을 살펴보라. 지금 내 서재 왼쪽에는 탁상시계가 소리 없이 움직인다. 시계 옆 엔틱한 스피커에서는 은은한 재즈 소리가 들린다. 오른쪽에는 디퓨저 향이 독서에 몰입하게 해준다. 디퓨저 옆에는 책에 밑줄 칠 연필과 연필을 다듬어줄 연필깎이가 있다. 커튼을 치고 창밖을 보면 저 멀리 산과 가까이 하천이 보인다. 하천 위에 가로등이 있고 그 아래로 사람들이 걷고 있다. 네모로 각진 아파트들은 집마다 불빛을 켜놓고 둥근 바퀴를 단 자동차들은 목적지를 향해 달리고 있다. 이렇게 자기 눈앞에 보이는 모든 것을 세상 만물이라고 한다. 이 만물을 인간의 생가으로 종이에 나열한 것을 '책'이라 부른다.

책은 두 종류다. '종이에 적힌 책', '종이에 적히지 않은 책'이다. 우리는 종이에 적힌 책을 진짜 책이라고 하지만 사실은 진짜 책은 따로 있다. 바로 세상 만물이다. 내 주변에 보이는 모든 것들이 근본, 진짜 책이다. 이것을 기록한 것이 현상, 종이 책이다. 어떤 사람은 종이 책을 통해 간접적으로 경험한다. 반대로 어떤 사람은 오감을 통해 직접적으로 경험한다. 즉 눈으로 보고, 발로 걷고, 손으로 만지고, 귀로 듣고, 머리로 생각하고, 몸으로 부딪친다. 앉아서 하는 독서만이 책 읽기가 아니다. 세상 만물을 보고 이치를 깨닫고 삶에 적용하는 것이 살아 있는 독서다. 스피커를 보고, 디퓨저의 향을 맡고, 산을 보고, 사람을 보고, 깨닫는 것이 진짜 독서의 시작이다.

가난과 빚, 부모의 장애로 삶에 아무 희망도 없던 내게 유일하게 희망을 준 것이 있다. 그것은 세상 만물을 읽고 대화를 했던 순간들이다. 산이라는 책을 보며 "너는 참 높고 크구나. 나도 얼른 너처럼 자라서 높고 강해지고 싶다." 바다라는 책을 보며 "너는 참 넓고 깊구나. 지금 겪는 슬픔을 넓고 깊은 마음으로 담고 싶다." 꽃이라는 책을 보며 "나도 너처럼 아름답고 향기로운 꽃이 되고 싶다." 새들이라는 책을 보며 "자유롭게 높이 훨훨 날고 싶다." 비라는 책을 보며 "우리 가족의 아픔을 비가 되어 씻어주고 싶다." 행복한 친구를 보면서 "형훈이의 말과 웃음, 행동들을 따라 하면 나도 함께 행복해지겠지." 하고 말했다.

늘 답답하고 슬픔이 가득 찬 정체 모를 인생에서 나를 굳건히 잡아준 것은 세상이라는 책이었다. 선생님들과 친구들은 '왜 자꾸 먼 산을 바라보냐? 아무도 없는데 누구랑 대화해?'라며 이해하지 못했다. 사람들의 말에 신경 쓰지 않았다. 매일매일 자연과 대화하고 동물 식물들과 대화를 이어나갔다. 때론 길을 걷다가 전봇대라는 책이 말을 걸어오면 몇십 분이고 움직이지 않고 전봇대를 읽었다. 동네 친구들은 바보라고 놀려댔지만 나는 그저 눈앞에 보이는 모든 사물이 좋았다. 세상 모든 것은 하나 이상의 메시지를 주었고, 내게 도피처였고 희망이었다.

어머니는 초등학교도 졸업하지 못하셨다. 아들인 나에게 배움의 욕망을 주려고 늘 서점에 데려가셨다. 서점에 다녀온 날이면 세상과 대화하는 행동이 더욱 심해졌다. 생텍쥐페리의 『어린왕자』에 "너의 장미가 그토록 소중한 건 네가 장미에게 쏟아부은 시간 때문이야"란 문장을 읽고 학교로 달려가 장미꽃에 물을 주고 정성스레 닦아주었다. 오 헨리의 『마지막 잎새』의 "마지막 한 잎이 떨어지면 나도 가는 거야"라는 문장을 읽고 나무 앞으로 달려가 떨어지는 꽃잎을 보며 나도 모르게 눈물을 흘렸다. 종이 책과 세상 만물의 책이 나와 하나가 되는 신비로운 시간이었다.

'독서는 앉아서 하는 여행이고, 여행은 서서 하는 독서다'라는 말이 있다. 세상을 보는 행위가 바로 서서 하는 독서 곧 여행이다. 나는 지금도 거리를 활보하다 어떤 사물 앞에 멈추고, 어떤 식물 앞에 잠시 멈춰 읽고 대화한다. 이것이 내가 어릴 적부터 해온 세상 만물 독서법이다. 세상 모든 것이 책이다. 모든 행위가 독서이다. 사람이든 사물이든 세상을 볼 때 단 하나 이상의 메시지를 발견했다면 책을 읽은 것과 다름없다. 책은 그런 것들을 기록한 것이고, 책 이외의 것은 아직 기록하지 않은 것뿐이다. 책 읽는 것만이 독서가 아니다. 세상 모든 만물을 읽고 메시지를 찾는 것이 진정한 독서이다. 인생은 전부 독서 여행이다.

미국 콜롬비아 대학 교수인 로버트 킹 머튼은 1968년 '매튜효과'를 언급했다. '매튜효과'란 마태복음 25장 29절을 착안해 만든 법칙이다. "무릇 있는 자는 받아 풍족하게 되고 없는 자는 그 있는 것까지 빼앗기리라." 곧 가진 자는 더 갖게 되고 없는 자는 더 없게 된다는 뜻이다. 부익부빈익빈을 뜻하는 매튜효과를 또 다른 말로 '누적이득'이라고 한다. 부자와 서민의 소득 격차에서 대기업과 중소기업의 생산성 등에서 이 법칙을 확인할 수 있다.

사회학적, 경제학적으로 쓰이는 '매튜효과'는 독서에서도 똑같이 적용된다. 세상 만물을 책으로 보고 겸손히 읽는 자세로 살아가면 많은 것을 깨닫고 배우게 된다. 하나 이상의 메시지를 찾게 되고 몸으로 저장하고 삶에 적용하여 풍성한 열매를 맺는다. 이런 독서가는 쉽게 분노하지 않고 흥분하지 않는다. 매사에 침착하고 다른 사람 말에 쉽게 동요하지 않는다. 모든 상황을 진지하게 꿰뚫어 보고자 한다. 자기와 다른 사람을 '틀리다'라고 하지 않고 상대를 인정한다. 다양한 관점으로 사람들을 대한다. 모든 세상으로부터 읽고 배우려는 자에게 세상은 그에 맞는 대가를 선사한다.

책을 자주 읽으면 다른 책을 더 쉽게 이해하고 잘 깨닫는다. 마찬가지로 세상 만물을 책처럼 읽을 때 세상 이치를 깨닫고 삶 속에 그 원리들을 적용시킨다. 세상을 읽고 종이 책 속으로 들어갈 때 남들이 보지 못한 것들을 발견한다. 종이 책은 간접경험이고 세상을 읽는 것은 직접경험이다. 직접경험이 많은 자는 책에 있는 간접경험까지 내 직접경험으로 만들어 버린다. 세상 만물의 책을 읽고 배우는 사람은 많은 행운을 '매튜법칙'으로 얻게 된다. 복에 복이 얹어진다. 결국 계속 잘될 수밖에 없는 운명을 창조한다. 반대로 읽지 않고 배우지 않는다면 얻을 것을 얻지 못하고 있던 것까지도 모두 사라지고 만다.

"문장은 다만 독서에 있지 않고, 독서는 다만 책 속에 있지 않다.
산과 시내, 구름과 새나 짐승, 풀과 나무 등의 볼거리 및
일상의 자질구레한 일들 속에 독서가 있다."

– 홍길주

지금 삶이 지치고 고갈되는 빈익빈 현상이 반복된다면 즉시 태도를 바꿔라. 세상은 원망과 싸움의 대상이 아닌 독서의 대상이다. 전부 배움의 대상이다. 어느 누가 세상을 바꿀 수 있단 말인가? 세상은 그저 흘러간다. 그 거대한 세상 책 앞에 우리는 밑줄 치고 사색할 뿐이다. 세상을 바꾸는 것은 나를 바꾸는 것이다. 내가 바뀌어야 세상도 달라져 보인다. 세상이 검다고 파란색으로 칠할 수 있는가? 내 검은색 안경을 파란색으로 바꾸면 그만이다. 이 세상 무수한 잠재의식 책들은 전부 하나를 말한다. "나를 바꿔라!" 나를 바꾸면 현실도 바꿀 수 있다는 것이다. 세상을 읽고 끊임없이 나를 바꿔라. 곱하기의 기적! 매튜효과를 경험하라.

모든 책 중 '사람'이라는 책을 읽으면 배움과 동시에 내 모습을 정확히 보고 바꿀 수 있다. 골프 대회에서 '사람 책'을 뚫어져라 본 남성이 있다. 미국의 '미켈롭 가이'라는 별칭이 붙은 '마크 라데틱(Mark Radetic)'이다.

2022년 5월 20일 미국 프로골프 메이저 대회에서 있었던 일이다. 골프의 신 타이거 우즈가 경이로운 샷을 칠 때 마크는 미켈롭 맥주를 들고 우즈를 쳐다봤다. 주변 사람들은 스마트폰으로 촬영하느라 정신없었다. 오직 마크만이 타이거 우즈의 샷을 정확히 읽었다. 이 장면이 방송을 타고 마크는 하루아침에 유명인사가 되었고 미켈롭 회사의 광고 모델이 되었다. 마크의 행동이 방송을 통해서 사람들에게 큰 매력을 준 것이다.

마크는 인터뷰에서 이런 말을 했다. "저는 스마트폰에 익숙하지도 않고 그저 그 순간을 직접 눈으로 보고 싶었어요." '사람 책'을 직접 눈으로 보는 것이 최고의 독서다. 마크는 타이거 우즈라는 사람 독서를 통해서 겸손과 배움을 얻게 된다. 미켈롭 맥주 회사는 곧이어 광고 문구 콘셉트를 내보냈다.

'It's only worth it if you enjoy it.'
'제대로 즐길 수 있어야 가치가 있다.'

미켈롭 회사가 마크의 행동을 보고 내건 문구는 바로 '즐기는 것'이다. 제대로 즐겼기 때문에 스마트폰을 보지 않고 타이거 우즈를 뚫어져라 본 것이다. 최고의 가치는 지금 이 순간을 즐기는 것이다. 즐길 때 최고의 집중력이 발휘된다.

『논어』에 이런 말이 있다. "학문에 대해 아는 자는 그것을 좋아하는 자만 못하고, 좋아하는 자는 그것을 즐기는 자만 못하다." '사람 책'을 대할 때 그저 아는 것과 좋아하는 것을 뛰어넘어 즐겨야 한다. 상대의 장점, 단점, 기쁨, 슬픔, 아픔, 역경, 고난, 행복

모두 배워야 한다. 즐겨야 한다. 이것이 최고의 학문을 실천하는 방법이다. 살아 움직이는 최고의 학문은 바로 인간이다. 기록된 언어를 '로고스'라고 하고, 움직이는 언어를 '레마'라고 한다. 로고스는 종이 책을 말한다. 레마는 인간이 글자를 갖고 역동적으로 하는 모든 행위를 말한다. 살아 있는 언어의 본질, 인간을 공부할 때 책 한 권을 읽은 것과 다름없다.

'사람은 책을 만들고 책은 사람을 만든다'라는 말이 있다. 사람이 여러 학문을 책으로 만들고 나중에는 그 책이 사람을 사람답게 만든다. 한 사람을 보는 것은 학문을 본다는 것이다. '사람 책'을 즐기면서 읽을 때 우리는 세상 만물을 터득한다. 손만 뻗으면 내 앞에도 옆에도 여기저기 종이 책이 널려 있다. 지혜로운 자는 세상과 만물, 특히 '사람 책'을 먼저 읽을 줄 안다.

지금 책을 읽지 않는다고 좌절하지 말라. 가까이 있는 사람부터 먼저 읽어보자. 그것이 최초의 독서이자 최고의 독서다. 오늘부터 만나는 사람들을 책으로 생각하자. "이 책이 이렇게도 말하네? 귀담아듣자." "저 책은 왜 저렇게 말할까? 다시 나를 돌아볼까?"

제대로 된 책 읽기를 시작하기에 앞서 우리가 해야 할 것이 있다. 세상 모든 것이 책이라는 사실을 아는 것이다. 종이 책장을 한 장, 한 장 넘긴다고 독서가 아니다. 진짜 독서 오리지널 독서는 세상을 겸손히 읽는 것부터 시작한다. 종이 책을 아무리 읽어도 변하지 않는 것은 살아 있는 책을 읽지 않기 때문이다. 사회생활이 부족한 자가 종이 책에서 읽은 지식으로만 말할 때 사람들은 아무 변화가 없다. 삶을 살아낸 사람, 즉 세상 만물을 읽은 자가 말을 해야만 사람들은 바뀐다. 독서의 범위를 넓히자. 그것은 온 세상 모든 것이다. 내 앞에 만나는 모든 것들에서 배움을 얻어라. 중요한 것은 내가 살아 있는 책 한 권이 되어 세상에 영향을 주는 것이다.

거인의
어깨 위에 올라

세상을 바라보라

　세상의 중심은 '나'다. 내가 있어야 세상도 있다. 사람들은 무의식적으로 세상의 중심이 '나'라는 것을 드러낸다. 사람들을 만날 때 자신을 꾸미고 주인공이 되고 싶어 한다. 위험한 상황에서는 나 자신을 지키려고 한다. 이런 행동들은 내가 세상의 중심이라는 증거다. 중심이 되는 과정의 끝은 '거인'이 되는 것이다. 우리는 남들보다 커 보이고, 잘되고, 높이 서려고 한다. 마음에서 늘 거인의 모습을 갈망한다. 하지만 거인이 되려면 지금 자신의 현실을 파악해야 한다. 갈망한다고 거인이 될 수는 없다. 거인이 되는 방법은 하나다. 거인들이 써놓은 책들을 보면서 그들의 어깨에 올라가는 것이다. 매일 그들의 어깨에 올라가다 보면 어느새 거인의 반열에 올라 있을 것이다.

하루하루가 지옥 같았던 나는 거인이 되어 현실을 다스리고 싶었다. 안타깝게도 현실은 난쟁이였다. '할 수 없어.' '가진 게 없는 걸.' '배우지 못했잖아.' 습관적으로 나오는 실패자의 말! '제 명의를 빌려달라고요? 알겠어요.' '제 카드를 쓰겠다고요?' 거절하지 못해 생겨난 빚! 부정적인 생각과 나약한 마음, 자격지심과 열등감에 싸여 나 자신과 부모와 세상을 원망했다. 원망하면 할수록 더욱 난쟁이가 되어갔다. 엎친 데 덮친 격, 특정 종교에서 청빈사상을 배워 가난이 정답이고 죽으면 천국에 갈 수 있다고 믿어왔다. 부정적 생각, 나약한 마음, 잘못된 사상과 이상한 믿음을 바로잡아 줄 거인은 단 한 명도 없었다. 주변엔 온통 나와 같은 난쟁이들뿐이었다.

"세상에 태어났다면 한번은 거인으로 살아봐야 하지 않을까?" "난쟁이가 거인이 되는 방법은 없을까?" 매일 스스로에게 물었다. 어느 날 평상시처럼 친구들과 술을 마시던 날이었다. 술에 잔뜩 취해 공중화장실에서 토하고 나오는데 세면대에 이런 격언이 붙어 있었다. "어둠을 저주하기보다는 촛불을 켜는 게 낫다." 귀신에게 홀린 듯 한참 동안 이 문장을 읽었다. "그래, 내 어두운 삶을 원망하지 말고 책으로 불을 비춰보자." 그때 내가 그 빛을 왜 책으로 보았는지는 기억나지 않는다. 중요한 것은 이 시점부터 찬란한 나의 독서 인생이 시작되었다는 것이다.

나는 '지그 지글러'라는 거인의 어깨에 올라가 성공의 계단에 오르는 방법을 배웠다. '데일 카네기'라는 거인의 어깨에 올라가 인간관계의 기술을 터득했다. '오프라 윈프리'라는 거인의 어깨에 올라가 역경을 견디고 살아남는 법을 보았다. '공자'라는 거인의 어깨에 올라가 인생의 처세술을 발견했다. 수많은 거인의 어깨를 오르락내리락하면서 예전의 패배한 삶에서 180도 바뀌었다. 입에 달고 살던 욕이 사라졌고, 부정적인 말이 사라졌고, 힘없는 생각이 사라졌다. 만나는 사람들이 바뀌었고 거주하는 환경도 바뀌었다. 하고 있는 일에 더욱 전문성을 갖추었고 첫 책을 출간해 베스트셀러 작가가 되었다. 이뿐만이 아닌 많은 것들에서 변화가 일어났다.

나는 단지 거인들의 어깨에 올라가서 그들의 눈으로 같은 곳을 바라보았을 뿐이다. 지혜가 부족할 때는 지혜의 거인들을 만났다. 말투가 부족할 때는 말투의 거인들을 만났다. 사랑이 부족할 때는 사랑의 거인들을 만났다. 어느 분야의 지식이 부족할 때는 그 분야 최고의 거인들을 만나봤다. 그들의 생각, 그들의 언어, 그들의 행동을 책을 통해 확인하고 그대로 따라 했다. 거인의 어깨에 자주 올라가다 보면 어느 날 거인이 된 나를 발견할 수 있다. 예전에는 꿈꾸지 못한 거인의 모습들이 이제는 나에게 익숙하게 되었다. 사람은 누구를 만나느냐에 따라 인생이 뒤바뀐다.

확! 변하고 싶은가? 즉시 책을 펼쳐 거인의 어깨 위로 올라가라!

피카소는 말했다. '뛰어난 예술가는 베끼고, 위대한 예술가는 훔친다.' 거인의 어깨에 올라가는 것은 간단하다. 책을 통해 거인들을 단순하게 따라 하는 것이다. 그것을 모방, 즉 '벤치마킹'이라 한다. 벤치마크라는 단어에서 벤치마킹이 나왔다. 사전적 의미로는 '토지 측량에서 사용되는 수준기표'를 말한다. 현대용어사전에서는 '명백한 판정으로 결정지을 수 있는 표준'이라 한다. 즉 어떤 것들의 기준점을 얘기한다. 그 기준점은 올바르고 배울 만하고 남들이 알 만한 업적을 쌓은 대상이어야 한다. 뛰어난 부분들이 있어야 한다. 우수해야 한다. 쓰러지지 않고 굳건히 서 있어야 한다. 그런 대상을 우리는 닮아가려 한다. 모방하고 본받는다.

이마트 트레이더스에 가본 적 있는가? 나는 이곳을 갈 때마다 코스트코를 많이 벤치마킹했다고 느낀다. 창고형 매장의 이국적 분위기, 대량으로 값싸게 구입할 수 있는 제품. 전 세계에서 물건이 가장 많이 팔리는 코스트코 매장이 대한민국 강남점이다. 이점을 인지한 이마트는 재빨리 벤치마킹해 이마트 트레이더스를 세웠다. 코스트코만의 장점이 있겠지만 이마트 트레이더스는 코스트코에 없는 다른 면을 가지고 있다. 바로 연회비가 없다는 것이다.

이마트 트레이더스는 코스트코를 벤치마킹하여 성공했다. 코스트코라는 훌륭한 매장이 있었기에 현실 가능한 모방이었다. 이마트 트레이더스는 벤치마킹을 넘어 연회비를 없애는 다른 방식을 적용했다. 이것이 두 매장이 비슷하면서도 다른 점이다. 우리가 이용하는 모든 것들은 벤치마킹으로 탄생했다. 독자적으로 탄생한 것들은 거의 없을 정도다. 벤치마킹을 하다 보면 많은 거인들의 생각과 노하우가 융합될 때가 있다. 그때 생각지 못한 창의적인 아이디어와 새로운 제3의 힘이 만들어진다. 하늘 아래 새로운 것은 없다. 세상 모든 것은 모방의 산물이다. 우리가 성장하고 성공하려면 반드시 '거인'을 벤치마킹해야 한다.

많은 사람이 거인의 어깨에 올라가 거인의 눈으로 세상을 보고 행동하는 벤치마킹을 하고 있다. 중요한 것은 어떤 식으로 벤치마킹을 하는가이다. 따라다니는 것과 영상으로 보는 것은 한계가 있다. 작은 부분만 확인할 뿐이다. 책을 읽고 전체를 봐야 한다. 전체를 봐야 낱낱이 파악된다. 어떻게 거인이 되었는지, 다른 거인들과 어떤 차이점이 있는지 알게 된다. 완벽하게 닮을 것은 무엇인지, 버릴 것은 무엇인지 정확히 볼 수 있다. 이마트 트레이더스에 연회비가 없는 것은 새로운 거인이 탄생한 것이다. 책을 통해 거인을 만나라. 기존 거인과 비슷하면서도 아주 다른 거인이 탄생한다. 그 주인공은 다름 아닌 곧 책을 읽을 당신이다.

세상의 모든 거인은 전부 난쟁이였다. 병아리에서 닭이 되고 올챙이에서 개구리가 된다. 병아리와 올챙이보다 더 작은 인생을 살았던 한 여자가 있다. 그녀는 미국 미시시피강 근처 가난한 흑인 마을에서 사생아로 태어났다. 부모들 각자의 인생도 엉망이었다. 그녀는 이 집 저 집 얹혀살며 매우 불우한 어린 시절을 보냈다. 설상가상으로 사촌오빠와 삼촌에게 5년간 성폭행을 당하고 열네 살에 미혼모가 되었다. 출산한 아이는 2주 만에 하늘나라로 갔다. 죄책감과 자신의 인생이 견디기 힘들어 마약에 빠졌고 자살까지 생각했다. 그녀가 바로 우리가 잘 알고 있는 세계적인 거인 '오프라 윈프리'다.

윈프리는 과거의 삶이 진짜 그랬냐는 듯이 지금은 세계에 영향을 주는 인물이 되었다. 당대 최고의 토크쇼들을 제치고 아침 토크쇼를 미국 내 시청률 1위로 만들었다. 토크쇼가 종영될 때까지 미국의 대통령부터 유명 인사들까지 수많은 사람이 출연했다. 미국에서는 가장 영향력 있는 방송으로 자리매김했다. 영화 제작과 촬영장 및 출판사까지 미디어 사업을 넓혀가며 큰 사업가로 성공했다. 특히 윈프리는 자동차가 필요한 사연을 가진 방청

객 276명을 초대해 모두에게 자동차를 선물했다. 지속적인 자선 사업을 벌여오고 있으며 수많은 사람에게 즐거움과 영감을 주고 있다. 그녀의 재산은 27억 달러(약 3조 460억 원)에 달한다.

불우하고 우울하고 창피했던 난쟁이 같은 삶에서 많은 이들에게 영향을 주는 거인이 되었다. 그 이유는 단 하나다. 독서를 통해 거인들의 어깨 위로 끊임없이 올라간 덕분이다. 거인의 어깨 위에서 윈프리는 미시시피강 너머에 또 다른 세상이 있다는 것을 발견했다. 그때부터 항상 자신을 독서로 무장하고 가꾸어왔다. 거인들의 어깨 위로 올라가 지식과 관점을 터득하여 누구도 넘어뜨릴 수 없는 거인이 된 것이다. 윈프리의 입담, 수준 있는 언어, 번득이는 영감들은 모두 독서의 산물이다. 출연자가 자신의 상처를 말하면 "저도 그런 적 있어요"라며 감싸준다. 이는 독서를 통해 자신의 고통을 해석하고 남을 감싸주는 '상처받은 치유자'가 된 것이다.

만약 그녀가 남들과 똑같이 세상을 원망하고 잘못된 행동을 반복했다면 어떻게 되었을까? 결과는 뻔하다. 공기가 탁하면 창문을 열어 환기를 시켜야 한다. 환경 탓만 하지 말고 일어서서 창문을 힘차게 열면 된다. 맑은 공기를 불러들이면 그만이다. 독서는 인생의 '환기'다. 인생의 공기가 탁하다면 거인의 어깨로 올라가 맑은 공기를 마시면 된다. '이것 때문에 못 해.' '저것 때문에 힘들어.' 하지 말라. 독서로 새로운 공기를 마시면 가능하다. 땅의 공기와 산 정상의 공기는 차원이 다르다. 윈프리는 『내가 확실히 아는 것들』에서 이렇게 말한다. "내가 독서를 사랑하는 이유는 책 읽기를 통해 더 높은 곳으로 향할 수 있는 능력을 얻을 수 있기 때문이다."

내가 안 된다고 다 안 되는 것이 아니다. 이미 된 사람들이 넘쳐난다. 내가 실패했다고 다 실패한 것이 아니다. 이미 성공한 수많은 거인들이 넘쳐난다. 내 경험에만 머물지 말고, 거인들의 경험에서 배워보라. 그 경험이 바로 책이다. 책을 통해 거인의 경험을 배우는 것이다. 어깨 위로 올라가기만 하면 된다. 독서를 통해 거인의 어깨 위에 오른다면 못 할 일도 없고, 못 갈 곳도 없다. 거인을 바라보고 벤치마킹하라. 생각, 말, 행동, 숨소리까지 똑같이 따라 하라. 오늘도 거인은 말한다. "이 길이 좋아. 한번 가볼까?" 거인은 말한다. "다른 방법이 있어. 해보자!" 거인은 말한다. "너는 반드시 돼." 거인이 되라! 모든 높은 문제는 낮은 평지가 되리라!

"당신의 인생을 가장 짧은 시간에 가장 위대하게 바꿔줄 방법은 무엇인가? 만약 당신이 독서보다 더 위대한 방법을 알고 있다면 그 방법을 따르기 바란다. 그러나 현재까지 발견한 방법 중에서 찾는다면, 결코 독서보다 더 좋은 방법은 없을 것이다."

– 워런 버핏

전문가들은

모두
독서광이다

국어사전은 전문가를 이렇게 표현한다. '어떤 분야를 연구하거나 그 일에 종사하여 그 분야에 상당한 지식과 경험을 가진 사람.' 요즘 많은 사람들이 자신을 전문가라고 말하는데 진짜 전문가는 따로 있다. 일만 잘한다고, 말만 잘한다고 전문가가 아니다. 진짜 전문가는 자기 일을 해석할 줄 안다. 자기 일에 다양한 관점을 가지고 있다. 수많은 기술을 가지고 접근한다. 이것이 전문가다. 국어사전에서 말하는 것처럼 끊임없이 연구해야 한다. 상당한 지식을 축적해야 한다. 모든 전문가는 독서의 전문가다. 그냥 잘하는 사람은 비전문가다. 전문가는 디테일하고 많은 것을 아우른다. 끊임없이 독서한다. 손에서 책을 놓지 않는다.

나는 중학생 때 운동을 하다가 목을 심하게 다쳤다. 무언가 크게 잘못된 것만 같아 바로 병원으로 달려갔다. 결과는 목 디스크였다. 의사 선생님은 디스크가 돌출되었기 때문에 반드시 수술을 해야 한다고 했다. 수술이란 말에 덜컥 겁을 먹고 병원을 나왔다. 아픈 목을 잡고 며칠 동안 앓아누워 있는데 아버지가 나를 어디론가 데려갔다. 그곳은 아버지 후배분이 운영하는 합기도 체육관이었다. 나는 운동으로 목을 치료하는가 보다 했는데 합기도 관장님께서 손으로 내 목을 만지기 시작했다. 그리고 어느 날부터 목의 통증이 사라지고 꿈쩍도 하지 않던 목이 움직이기 시작했다.

　만약 의사 말대로 바로 수술을 했다면 재발은 물론 지금도 수술에 의지하며 살 것이다. 내 지인들도 아플 때마다 그 병원을 찾아갔다. 그리고 마사지나 침으로 치료받으면 어떠냐고 의사에게 물어보았다. 어김없이 그 의사는 수술이 답이라고 했다. 수술 외에 다른 대체 요법들은 모두 뜬구름 잡는 소리라고 일축했다. 그 의사의 관점은 오직 하나 '수술'이었다. 병원은 세 군데 이상 가라는 말이 있다. 다양한 의사를 만나 여러 의견을 듣기 위해서다. 요즘 의사들은 독서를 통해 다양한 관점을 제시한다. 물리치료를 받거나 운동을 하고 마사지를 받으면 좋아진다고 말한다. 전문가는 하나만을 고집하지 않는다. 여러 관점을 말한다.

공부는 끝이 없다. 나는 지금도 미친 듯이 마사지 관련 책들을 사서 읽는다. 20여 년이 지난 지금도 마사지의 답을 찾지 못했다. 그냥 여러 길을 공부할 뿐이다. '어떻게 하면 몸을 빨리 풀어줄까? 더 정확히 풀어줄까?' 늘 고민한다. 그래서 매일 읽는다. 뭐라도 읽어야 힌트를 얻을 수 있고, 여러 방법적인 것들을 얻을 수 있다. 이것뿐만이 아니다. 아파서 나를 찾는 모든 사람에게 더 따뜻하고 신선하게 다가가려고 말투도 공부한다. 어떻게 하면 더 따뜻하고 아름다운 언어를 전달할 수 있을지 독서를 통해 알아간다. 많은 사람이 나를 마사지 전문가라고 한다. 이는 독서를 통해 다양한 관점과 테크닉을 쓰고 따뜻한 말투를 사용하는 덕분이다.

전문가는 두 부류다. 하나만을 고집하는 사람과 여러 관점을 제시하는 사람이 있다. 전자는 비전문가, 후자가 진짜 전문가다. 이 세상에 하나의 답은 없다. 셰익스피어는 말한다. "어리석은 자는 자기가 똑똑하다고 생각하지만, 똑똑한 자는 자기가 어리석음을 안다." 독서할수록 자신의 부족함을 알게 된다. 진짜 전문가는 겸손하다. 그 겸손함 덕분에 매일 독서한다. 내 아픈 목을 해결해 주셨던 관장님은 자신이 정답이 아니라는 것을 알기에 지금도 공부한다. 가끔씩 제자인 나와 만나 기술을 공유한다. 서로 좋은 책이 나오면 알려준다. 독서하지 않으면 부끄럽다는 것을 잘 안다. 우린 오늘도 진짜 전문가가 되기 위해서 읽고 또 읽는다.

"이 학습법은 나에게 상당한 지식을 쌓을 수 있도록 해주었을 뿐만 아니라, 나로 하여금 새로운 주제와 새로운 시각 그리고 새로운 방법에 대해 개방적인 자세를 취할 수 있도록 해주었다." 현대 경영학을 창시한 미국 경영학의 아버지 피터 드러커의 말이다. 피터 드러커는 경영을 해본 적이 없는 경영학의 창시자이자 대가이다. 경영에 대한 경험이 없음에도 전문가 중의 전문가가 된 이유는 독서를 했기 때문이다. 경영뿐만 아니라 어떤 하나의 주제에 관심이 생기면 3년 동안 책을 통해 깊이 파고들었다. 3년이 지나면 연구 분야를 바꿔가며 총 16개 이상의 분야에서 전문가가 되었다.

피터 드러커가 많은 분야의 전문가가 되어 영향을 줄 수 있었던 바탕은 오직 '독서'였다. 신문기자, 은행원, 교수, 경제학자 등 여러 일을 하며 독서로 더욱 전문성을 키웠다. 2005년 96세의 나이로 사망하기 전까지 젊게 일할 수 있었던 것도 싱싱한 뇌를 가졌기 때문이다. 다양한 지식이 융합된 피터 드러커의 책들은 전 세계인들에게 큰 영향을 주고 있다. 우리가 배워야 할 것이 무엇인가? 16개 이상의 분야에서 전문가가 되지 않아도 상관없다. 한 분야에서라도 정확한 최고의 전문가가 되어야 하지 않을까? 한 가지 주제만이라도 목숨 걸고 독서한다면 전문가를 넘어서 그 분야의 '신'의 경지에 오른다.

책은 한 분야의 전문가로 만들어 주는 최고의 도구다. 프랑스 철학자 몽테뉴는 말했다. "독서만큼 값이 싸면서도 오랫동안 즐거움을 누릴 수 있는 것은 없다." 전문가가 되기 위해서 큰일을 계획할 필요가 없다. 단지 가장 저렴하고 가장 빠르고 가장 정확한 책을 읽는 것이다. 사람들은 이런저런 이유로 자신이 맡은 일이 힘들다고 말한다. 그건 핑계다. 자신의 일에 전문성이 부족한 탓이다. 피터 드러커처럼 자기 분야의 책을 깊게 파고들어 가보라. 지식은 물론 지혜와 혜안이 생기고 자부심과 자신감이 넘친다. 일에 대한 열정과 또 다른 관점이 생긴다.

『아웃라이어』에서 말콤 글래드웰은 '1만 시간의 법칙'을 주장했다. 보통 사람보다 뛰어난 전문가가 되려면 최소한 1만 시간이 필요하다는 이야기다. 1만 시간은 하루 3시간씩 매일 연습하면 약 10년이 걸린다. 하지만 1만 시간까지 갈 필요가 없다. 독서를 하면 금방 전문가 반열에 들어선다. 짧은 시간을 일하고도 긴 시간을 일한 사람보다 더 전문가다운 사람들이 있다. 일처리가 빠르고 정확하다. 친절하고 센스 있다. 지식이 해박하다. 이들의 공통점은 독서광이라는 것이다. 오랜 시간을 보냈느냐가 아닌, 그 분야의 지독한 독서광이냐가 전문가를 결정한다. 피터 드러커처럼 독서에 투자하라. 독서로 1만 시간을 단축하라.

우리가 알고 있는 세계적인 전문가들은 전부 독서광이다. "오늘의 나를 있게 한 것은 우리 마을 도서관이었다. 하버드 졸업장보다 소중한 것은 독서하는 습관이다." 마이크로소프트의 창업자 빌 게이츠의 말이다. 그는 어릴 적부터 지독한 책벌레였다. 선생님, 친구, 도서관 사서에게 책을 추천받고 앉은 자리에서 책을 다 읽었다. 빌 게이츠는 모든 것을 다르게 보는 힘을 독서라고 생각한다. 그는 1년에 50권을 읽는다. 1주일에 1권인데 1권의 책을 그냥 읽지 않고 정독하고 재독한다. 아예 책을 벌레처럼 씹어 삼킨다. 한번 읽은 내용은 90%까지 기억한다. 지금도 '생각주간'을 정해 1년에 2회씩 외부와 연락을 끊고 독서에 몰입한다.

"당신의 인생을 가장 짧은 시간에 가장 위대하게 바꿔줄 방법은 무엇인가? 만약 당신이 독서보다 더 위대한 방법을 알고 있다면 그 방법을 따르기 바란다. 그러나 현재까지 발견한 방법 중에서 찾는다면, 결코 독서보다 더 좋은 방법은 없을 것이다." 세계적인 투자자 워런 버핏의 말이다. 그는 이미 16세 때 자신의 관심분야 책 수백 권을 모조리 정독한 인물이다. 주식시장에서 투자의 신으로 불릴 수 있던 것은 그의 지독한 독서 습관 덕이다. 식

료품점을 운영하던 할아버지 서재에서 사업 수단과 자본주의 시스템을 책으로 공부했다. 워런 버핏은 지금도 남다른 투자 철학을 만들기 위해 하루 3분의 1 이상을 독서에 투자한다.

"나는 책을 읽는다." 테슬라와 스페이스X의 창업자 일론 머스크의 말이다. 일론 머스크는 항상 전기차와 우주산업의 원동력을 '독서'라고 말한다. 그는 어린 시절 불우했고 학교 생활에 적응하지 못했지만 하루에 10시간씩 독서에 빠졌다. 독서의 주 분야는 브리태니커사전, 판타지, 공상과학소설이었다. 학교 도서관과 마을 도서관의 책을 모조리 읽었고 서점에서 책을 읽다가 쫓겨난 적도 있다. 이런 독서 열정이 일론 머스크를 최고의 사업가, 최고의 모험가로 만들었다. 독서를 통해 꿈을 이루어온 그의 끝은 어디일까? 인류를 다른 행성에서 살게 하는 것이 그의 또 다른 꿈이다. 일론 머스크는 끝없는 독서를 통해 원대한 목표를 계속 만들고 있다.

빌 게이츠, 워런 버핏, 일론 머스크를 세계적 전문가로 만든 것은 다름 아닌 '책'이다. 집안 환경, 최고 학력, 좋은 친구들, 훌륭한 외모도 아니다. 오직 독서를 통해서 일류 기업을 세우고 인류에게 영향을 미치는 전문가로 거듭난 것이다. "책 읽으면 돈이 나오냐? 쌀이 나오냐?" 하는 사람들이 있다. 물론 당장은 책을 읽는다고 돈이 생기진 않는다. 책을 읽는 깊이와 넓이가 확대되는 순간 전문가로서 수많은 돈을 저절로 벌게 된다. 먼저 할 일은 나를 전문가로 만들어 나가는 것이다. 실패 없이 한 번에 전문가가 된 사람은 없다. 고난 가운데서 독서의 힘을 통해 세계적인 전문가가 되는 것이다.

당신은 전문가인가? 비전문가인가? 무언가를 할 수는 있지만 해석이 없고 다양한 관점이 없고 자기 것만 최고라고 고집하지 않는가? 그렇다면 비전문가이다. 우물 안 개구리다. 한 분야에도 다양한 우물들이 존재한다. 내 우물을 여러 우물과 연결하고 상대에게 전달할 수 있을 때 진짜 전문가가 된다. 남들에게는 전문가라고 말하지만 부끄럽지 않은가? 도망치고 싶지 않은가? 가장 저렴하고 가장 빠르게 가장 정확하게 전문가로 만들어 줄 '책'이 당신 앞에 있다. 단순하다. 읽어라! 정보를 내 지식으로 만들어라! 그 지식을 여러 번 사용하면 지혜가 생긴다. 그 지혜가 쌓이면 진짜 전문가가 된다. 모든 전문가들은 그렇다. 오직 '독서'가 답이다.

★　★　★

"만약 내가 다른 사람들과 같은 정도로 독서를 했더라면,
다른 사람들과 같은 정도밖에 몰랐을 것이다."

– 토머스 홉스

문해력이

미래
경쟁력이다

세상의 모든 것은 글로 표현되어 있다. 글은 우리 삶의 가장 기초이며 핵심이다. 글을 안다는 것은 읽는 것을 넘어 글을 해석할 줄 아는 것이다. 글을 읽고 해석할 줄 아는 것을 '문해력'이라 한다. 우리 사회는 전부 글을 읽고 해석함으로써 모든 활동을 하게 된다. 학교도 사회도 그 기초는 문해력이다. 읽고 이해할 수 있어야 한다. 읽어도 이해하지 못하면 어떤 생활도 어렵다. 우리는 학업에서 높은 점수를 받고 좋은 대학에 가기를 바란다. 직장에서도 높은 연봉을 꿈꾼다. 모든 곳에서 승리하는 비결은 단 하나, 문해력을 키우는 것이다.

나는 문해력의 최고 수혜자다. 어릴 적부터 아주 기초적인 말들 외에는 대부분 이해하지 못했다. 말 그대로 검은 것은 글씨고 하얀 것은 여백이었다. 선생님이 "이 글을 읽어보고 너의 생각을 말해봐." 하시면 말 못 하는 벙어리가 되었다. 늦은 나이에 대학에 들어가 리포트를 엉망으로 제출한 내게 한 교수님이 메일을 보내셨다. "재성 군! 많이 힘들죠? 학교생활 잘하려면 책을 많이 읽어야 해요. 힘냅시다." 무엇이 그렇게 나를 서럽게 했을까? 교수님의 한마디에 계속 울기만 했다. 세상에 나만 바보가 된 것 같았다. 쥐구멍에라도 숨고 싶었다. 모든 것을 원점으로 돌리고 싶었다. 내 인생 전부를.

다음 날, 학업을 중단했다. 그리고 1년 동안 서울에서 가장 유명하다는 속독학원에 등록했다. 고시원에서 지내면서 1년 동안 책 읽기에만 매진했다. 어려운 책은 완독과 재독을 목표로, 쉬운 책은 속독을 목표로 읽기에 몰입했다. 학원을 마치고 저녁에는 대형서점에서 하루 100권 훑어보기를 실행했다. 엉덩이에 종기가 생기고 허리엔 디스크가 터지고 몸무게는 30kg이 늘었다. 몸은 최악의 상태였다. 하지만 책 읽기에 대한 애절함과 간절함만큼은 절대 포기하지 않았다. 6개월쯤 지나자 기적이 일어났다. 책들이 쉬워졌고 모든 글이 이해가 되기 시작했다. 나의 인생 혁명이 그 시점에서 시작된 것이다.

"읽지 않는 사람은 읽지 못하는 사람보다 나을 바가 없다."

– 마크 트웨인

1년을 쉬고 재입학했을 때 학교가 달라져 보였다. 실제로 학교가 달라진 것이 아니라 내가 달라진 것이다. 학교가 꼭 나를 위해 존재하는 것만 같았다. 이해가 전혀 안 되던 교수님들의 강의가 모두 이해가 되었다. 한 줄도 못 쓰던 리포트를 장문으로 써나가기 시작했다. 도서관의 책들을 전부 읽어야 한다는 사명이 생겼고 후배들에게 지식의 잔소리들을 쏟아놓았다. 몇몇 학생들은 집까지 쫓아와 새벽까지 설교를 요청하기도 했다. 학교에 있는 석·박사 선배들에게 책 내용들을 질문하기도 하고 가르침을 주기도 하고 받기도 했다. 길을 걷고 대중교통을 이용하는 동안 눈앞에 보이는 활자들을 전부 읽고 해석했다. 사람과 물건들을 하나의 책으로 생각하고 읽고 분석했다. 매일 책 한 권씩 사서 읽는 기쁨도 늘어만 갔다.

무식의 최고봉에 서 있던 내가 갑자기 바뀐 이유가 뭘까? 그것은 '문해력'이다. 책 읽기를 통해 글을 이해하고 해석할 힘이 생겼다. 쓰는 언어가 바뀌고 무식이 유식으로 바뀌었다. 지인들은 내가 예전과 많이 달라졌다고 말한다. '똑똑하다' '유식하다' '네 말에 치료된다'고 말한다. 문해력 덕분에 스스로 창작하고 정의를 내리는 나의 언어가 생겼다. 어떤 상황에도 문제를 정확히 파악할 수 있는 능력도 생겼다. 예전에는 읽기 어려웠던 공문서, 계약서, 설명서들이 이해되고 읽는 즐거움이 생겼다. 서점에 들어가 난해한 책을 읽어도 핵심을 찾고 내 지식으로 만들어 버린다. 나는 확신한다. 문해력이 생기면 인생의 차원이 바뀐다는 것을.

미국 시카고 대학의 진화학자 벤 베일른은 1973년 '붉은 여왕 가설'로 생태계를 표현했다. 이후 미국 스탠퍼드 대학의 경영학자 윌리엄 바넷은 1996년 '붉은 여왕가설'로 경영계를 표현했다. 붉은 여왕가설은 '레드퀸 효과'를 말한다. 레드퀸 효과란 발전하는 상대보다 더 빠르고 강하게 노력하면 그 상대를 추월할 수 있다는 말이다. 반대로 발전하는 상대보다 약하면 도태된다는 뜻이다. 생태계에서는 변화하는 자연 속에서 진화가 느린 생명체들이 멸종했다. 경영계에서는 경쟁 기업들보다 발 빠르게 움직이지 않는 기업들이 도태되어 왔다. 쉽게 말해 노력 안 하면 사망! 노력하면 생존! 더 노력하면 성장할 수 있다.

'레드퀸 효과'는 루이스 캐럴의 책 『거울 나라의 앨리스』에 나오는 붉은 여왕의 말에서 가져왔다. 모든 것이 반대로 가는 거울 나라로 빨려 들어간 앨리스는 붉은 여왕과 함께 달리기 시작한다. 앨리스는 아무리 달려도 나무를 벗어나지 못하고 제자리에서 머물고 있는 자신이 이상했다. 앨리스가 붉은 여왕에게 물었다. "계속 뛰는데, 왜 나무를 벗어나지 못하나요? 내가 살던 나라에서는 이렇게 달리면 벌써 멀리 갔을 텐데." 그러자 붉은 여왕이

답했다. "여기서는 힘껏 달려야 제자리야. 제자리에 머물기 위해서는 온힘을 다해 뛰어야 한다. 만약 다른 곳으로 가기 위해선 지금보다 최소한 두 배는 빨라야 한다."

어릴 적 집 근처에 대형 백화점이 있었다. 그곳의 에스컬레이터는 친구들과 나의 놀이터였다. 내려오는 에스컬레이터를 초시계를 재며 누가 더 빨리 올라가는지 시합을 했다. 부끄러움도 모르고 그저 즐기기에 열을 올렸다. 어떤 친구는 올라가다 멈추면 자동으로 내려오는 걸 재밌어했다. 또 한 친구는 달리기가 느려 올라가지 못하고 제자리에서만 달릴 뿐이었다. 나는 멈추지도 않고 그냥 달리는 것이 아닌 전속력으로 에스컬레이터 끝까지 올라갔다. 초를 재는 것은 아무 의미가 없었다. 내려오는 에스컬레이터를 정복하는 것이 목표였다. 에스컬레이터 놀이에 레드퀸 효과가 숨어 있었다. 지금도 가끔 전속력으로 올라가 보고 싶다.

멈추면 휩쓸리고, 달리면 제자리고, 두 배 이상으로 달리면 정상으로 가는 이상한 나라! 거울나라와 에스컬레이터 현상을 나는 문해력으로 표현하고 싶다. 예전에 책을 읽었던 A는 지금은 책을 보지 않는다. A는 문해력을 상실한 것이다. A는 어떤 글을 읽어도 이해와 해석이 약하다. 발전이 없다. 삶이 불안하다. 가끔씩 책을 읽는 B는 문해력이 제자리걸음이다. 늘 비슷한 해석, 똑같은 이해, 그저 그런 평범한 삶을 살아간다. 매일 책을 읽는 C가 있다. 책 외에도 세상 모든 글을 읽는 사람이다. 문해력이 뛰어나고 누구도 범접할 수 없다. 이해와 해석의 차원이 다르다. 인생이 정상 궤도에 올라와 있다. 나는 어떤 사람인가?

영화 〈디태치먼트〉에서 문제아들만 모인 학교에 교사로 부임한 헨리는 학생들에게 왜 책을 읽고 문해력을 키워야 하는지를 말한다. "하루 24시간 동안, 우리의 남은 삶 동안 그 권력은 열심히 작용되고 우리를 바보로 만들면서 죽음의 구렁텅이로 처박고 있어. 그래서 우리 스스로를 보호하기 위해, 우리의 사고방식을 무뎌지게 하는 것에 대항하여 싸우기 위해 우리는 읽는 법을 터득해야 해. 바로 우리의 상상력을 자극하기 위해서 우리 자신의 의식과 우리 자신의 신념 체계를 함양하기 위해서 우리는 이런 기술이 필요해. 보호하고 보존하기 위해서. 우리의 정신을 말이야."

헨리는 문제아들을 있는 그대로 대해주었다. 그로 인해 학생들은 헨리에게 마음을 연다. 미래가 불안하고 희망이 전혀 없어 보이는 문제아들에게 헨리는 읽기를 강조한다. 왜 읽어야 하는지 왜 문해력을 키워야 하는지를 강조할 때 학생들의 눈빛은 살아나기 시작한다. 자신들의 문제가 부족한 문해력이었다는 것을 깨닫는다. 헨리는 아이들이 문해력이 약해지는 중요한 원인은 '마케팅 학살'이라고 말한다. 거짓인 걸 알면서 고의로 그 거짓말을 믿는 것! '행복해지려면 예뻐져야 해.' '유행을 따라야 해.' '유명해져야 해.' 이것이 '마케팅 학살'이다.

문해력이 약한 사람은 자신을 지키지 못한다. 그저 세상에서 하라는 대로 이리저리 끌려 다닌다. 자신의 생각이 없다. 이런 사람은 TV나 유튜브가 진리인 것처럼 숭배한다. 물론 영상매체가 나쁜 것은 아니다. 유익한 프로그램도 많다. 문제는 오직 영상에만 빠져 문해력이 점점 사라진다는 것이다. 영상에 자주 노출되면 치매 상태의 뇌, 정지당한 상태의 뇌가 되기에 책을 보기가 매우 힘들다. 글을 알아도 책을 읽을 줄 모르는 '책맹'이 된다. 위에 헨리가 말한 '마케팅 학살'을 기억해 보자. 알게 모르게 우리는 세상의 수많은 정보들로 학살당하고 있다. 세상을 따라 하지 않으면 두렵고 나만 왕따 된 느낌이 든다. 이 모든 것이 학살당한 상태이다.

극중 헨리의 실제 인물 브로디는 유대인 학살 관련 영화 〈피아니스트〉에 출연했다. 유대인들의 처참한 학살이 만행되는 곳에서 브로디는 피아노를 치며 마음속의 평안을 얻는다. 여기저기 들리는 고통의 소리, 죽음의 소리를 뒤로하고 피아노 선율에 몸과 정신을 실었다. 앞에 보이는 장면들은 비극이지만 자신을 음악으로 멀리 데려가 희극을 상상했다. 문해력도 이와 같다. 마케팅 학살이 이뤄지는 지금 이 시대 이 순간 문해력으로 나를 지켜야 한다. 마케팅 학살은 우리를 세상의 종으로 문해력은 우리를 세상의 주인으로 만든다. 종은 수동적이고 나약해서 어떤 경쟁에도 밀린다. 능동적이고 경쟁에 강한 주인이 되기 위해서는 문해력을 키워야 한다.

요즘 필라테스, 크로스핏, 킥복싱 이렇게 세 가지 운동을 한다. 킥복싱만 했을 때는 몸이 금방 지치고 오랜 시간 운동을 하지 못했다. 지금은 아무리 오랜 시간 킥복싱과 스파링을 해도 힘들지 않다. 왜냐하면 필라테스와 크로스핏으로 기초 체력을 키우기 때문이다. 가정, 학업, 직장, 사업, 사랑, 대인관계, 세상이라는 링 위에서 승리하는 비결은 하나다. 기초 체력인 문해력을 키우는 것이다. 문해력 없이 잘할 수 있는 것은 하나도 없다. 어딜 가나 글이 있다. 글을 읽고 해석할 줄 알아야 상황을 지배한다. 영상을 끄고 책을 읽어라. 성장, 생존, 사망은 문해력에 달려 있다. 땅에서 산으로 올라가라!

독서는

나를 바라보고 성찰하는 거울이다

사람들은 살면서 일어나는 문제들이 외부에서 온다고 생각한다. 돈 때문에, 외모 때문에, 차 때문에, 직업 때문에, 다른 사람 때문이라며 환경을 탓한다. 무언가가 나를 힘들게 하고 일이 잘 풀리지 않게 한다는 것이다. 하지만 틀렸다. 인생의 모든 문제는 내 안에 있다. 내 생각이 천국이면 보이는 것도 천국이고 내 생각이 지옥이면 보이는 것도 지옥이다. 나 자신을 알지 않고는 어떤 것도 판단해서는 안 된다. 내 마음을 들여다보고 성찰할 수 있는 단 하나의 도구가 있다. 바로 책이다. 책은 나와 대면하고 내 모습을 정확하게 보여주는 거울이다. 책이라는 거울이 있어야 나를 볼 수 있고 나를 바꿀 수 있다. 나를 깨울 때 세상도 달라 보이기 시작한다.

기쁠 때나 슬플 때 자주 하는 행동이 있다. 바로 거울을 보고 내 모습을 확인하는 것이다. 어릴 적 어른들께 혼날 때면 거울을 통해 내 슬픈 모습을 보고 울었다. 말실수로 인해 상대가 상처받았을 때 거울을 보고 나를 자책했다. 공부를 못할 때 거울을 보며 '바보'라고 스스로 놀려댔다. 지금도 그렇다. 분노할 때 거울을 보며 나에게 '왜 그러니'라고 물어본다. 누군가 칭찬을 할 때 거울을 보며 '넌 멋있어'라고 외친다. 사랑에 빠질 때 거울을 보며 '넌 충분히 사랑받고 사랑할 자격이 있어'라며 다독인다. 지금도 거울이 나의 감정 상태를 그대로 보여준다. 신기한 것은 거울 속에서 본 모습들이 현실에서도 그대로 나타난다는 것이다.

거울 속에 슬픈 얼굴이 나타나면 그날은 슬픈 일들이 일어났다. 우울한 얼굴이 거울에 나타나면 우울한 일들만 나타났다. 아프고 짜증 나는 얼굴이 보이면 부정적인 일들만 발생했다. 반대로 행복한 얼굴, 기쁨의 얼굴이 거울에 나타나면 행복하고 기쁜 일들이 하루 종일 다가왔다. 거울에 비친 현재 나의 상태에 따라서 비슷한 일들이 나타난 것이다. 그래서 좋은 일들을 만나려고 억지로 웃어보고 기쁜 척도 해보았다. 하지만 무언가 부족했다. 나에게 매일 일어나는 현실은 불행과 행복이 9 대 1 이었다. 어디서부터 잘못된 것일까 고민도 해보았지만 알 수가 없었다. 그냥 현실이란 파도에 떠밀려 살아온 것이다. 거울은 그냥 나를 비춰

줄 뿐이었다.

2008년 어느 날 마법의 거울을 만났다. 나의 현실을 비춰줄 뿐만 아니라 무궁무진한 재료들로 나를 바꿔버렸다. 내 모습을 그 어떤 거울보다 정확히 보여주고 부족한 부분을 지식으로 채워주었다. 그것은 바로 '책'이다. 책이라는 거울은 나의 겉모습뿐 아니라 진짜 마음속까지도 낱낱이 파헤쳐 보여준다. 울고 있는 나를 비추고 왜 울고 있는지 원인과 그 울음을 웃음으로 바꿔줄 무기를 알려주었다. 기뻐하는 나를 비춰주고 기뻐하는 원인과 더 기쁘게 살 수 있는 방법을 허락했다. "거울아, 거울아, 누가 제일 예쁘니? 왜 예쁘니? 그럼 어떻게 하면 예뻐질 수 있니?" 책은 이것을 가능하게 해준다.

얼마 전 종합검진을 받았다. 다양한 의료기들로 내 몸을 구석구석 관찰하고 그 결과에 따라 정확한 치료까지 받았다. 책의 역할도 똑같다. 먼저는 내가 어떤 사람인지 어떻게 살아왔는지 그대로 보여준다. 여기서 멈추지 않고 내 모습을 바꾸라고 말해준다. 바꾸는 방법까지 제시해 준다. 오래전 알루보물레의 『화』라는 책을 읽었다. 이 책을 보면서 화가 잔뜩 쌓인 나를 발견했다. 거기서 멈추지 않고 옳은 '화'란 존재하지 않고 화는 나를 불태우고 파괴한다는 것도 알았다. 더 나아가 화나는 순간에는 무시하고 목소리를 낮추고 피하는 방법까지 터득했다. 책이란 이렇게 나를 바라보고 성찰하고 바꿔주는 기적의 거울이다.

1976년 미국 스탠퍼드 대학교의 사회심리학자 마크래퍼와 데이빗 그린 교수는 한 실험에 참가했다. 그 실험은 '외적 보상으로 인한 아이들의 내적 흥미도의 손상(과잉 정당화 가설에 대한 실험)'이란 이름으로 진행되었다. 먼저 아이들을 세 그룹으로 나누었다. A그룹은 그림을 그리기 전에 상을 준다고 말했다. B그룹은 그림을 잘 그렸을 때 상을 준다고 했고, C그룹은 상에 관해 언급하지 않았다. 실험 결과 B, C그룹은 차분히 그림을 그렸고, 보상을 말한 A그룹은 그림 그리기에 흥미를 잃었다. 누군가 시키고 보상으로 하는 외적동기가 결국 내적동기를 사라지게 한다는 걸 보여준 실험이었다.

이 실험에서 나온 심리학 용어가 '과잉정당화효과'이다. 자신이 하는 행동이 내적동기가 아니라 외적동기에서 시작한 결과 작게나마 있었던 내적동기가 점차 사라지게 된다. 흥미롭고 관심이 있어서 시작한 일이 보상과 외적 요인으로 인해 이 일을 왜 하는지조차 이유를 잃게 한다. 물론 내가 좋아하는 일을 했을 때 보상이 따르면 금상첨화다. 하지만 대부분의 사람은 내부를 튼튼히 만들지 못한 상태에서 외적동기만 보고 시작한다. 우선은 나를 찾아야 한다. 내 속으로 들어가 나를 만나고 진짜 내가 원하는 것을 찾아야 한다.

세상은 전부 보상과 같은 외적동기에 따라 움직이게 시스템화되어 있다. "이걸 줄 테니 한번 해봐." "이 좋은 걸 갖고 싶지 않니? 그럼 희생해야지." "이런 쾌락은 지구상에 없었어. 지금 시작해 봐." "이걸 가지면 네 인생 전부를 걸게 되어 있어." 하지만 시간이 지날수록 허무한 느낌이 온다. 후회가 밀려온다. 처음 맛본 짜릿한 마음이 없어진다. 무관심으로 등을 돌린다. 이때 책은 말한다. "네 자신으로 돌아가라." "너를 돌아보라." "네 속으로 들어가 너를 찾아라." "네 마음을 지켜라." 그렇다. 세상은 외적동기를 강조하고 책은 내적동기를 강조한다. 외적동기가 강하면 무너지고 내적동기가 강하면 점점 더 높아진다.

우리는 책을 통해 진정한 '나'라는 존재 속으로 깊이 들어가야 한다. 자아보다 더 깊은 진정한 나 속으로 들어갈 때 순수한 자아를 만나게 된다. 내가 누구인지 알게 될 때 외적동기는 없어도 좋다. 그저 지금 이 순간 '나'라는 존재로 만족한다. 세계적인 명상가 아잔 브람은 저서 『마음의 성으로 들어가기』에서 이렇게 말한다. "바깥세상과의 연결 관계는 끊어질 것이고 당신은 내적인 세계와 연결되기 시작할 것이다. 당신은 과거와는 정반대 방향으로 나아갈 것이다. 세상으로 나아가는 것이 아니라 마음을 향해 나아갈 것이다." 우리는 책을 통해 끊임없이 나를 발견하고 내 속으로 들어가야 한다. 그럴 때 세상에 없는 진짜 행복이 시작된다.

2018년 9월 24일 UN 총회에서 세계적인 케이팝그룹인 방탄소년단(BTS)이 무대에 섰다. 음악이 아닌 뜨거운 연설로 젊은 세대에게 호소를 했다. 대표 연설자로 리더 RM김남준이 7분간 메시지를 전달했다. "제게는 하나의 안식처가 있었습니다. 바로 음악이었습니다. 제 안에 작은 목소리가 들렸습니다. '깨어나! 남준, 너 자신한테 귀를 기울여!' 그러나 음악이 제 진짜 이름을 부르는 것을 듣는 데까지는 오랜 시간이 걸렸습니다. 여러분의 이름은 무엇입니까? 무엇이 여러분의 심장을 뛰게 만듭니까? 여러분의 목소리를 듣고 싶습니다. 그리고 여러분의 신념을 듣고 싶습니다. 당신의 이름은 무엇입니까? 당신의 목소리를 내주세요."

리더 RM김남준이 저런 연설을 할 수 있었던 것은 항상 독서를 통해 자신을 보기 때문이다. 그의 취미이자 특기인 독서는 그를 중심으로 방탄소년단이 탄생하는 기적을 만들었다. 빌보드 차트 1위까지 오른 방탄소년단의 앨범들은 대부분 책을 모티브로 만들어진다. 세계인들이 방탄소년단에 열광하는 이유는 외모, 음악뿐만이 아닌 영감을 주는 노래 메시지였다. 그 메시지가 사람들에게 공감을 일으키고 희망을 불어넣은 것이다. 세계인들은 '너의 목소리를 내라'는 'Speak yourself'에 해시태그를 달고 SNS에서 자신들의 목소리를 외치고 있다.

　독서로 자신을 바라보고 자신을 찾은 방탄소년단은 자신의 목소리를 내고 세상에 영향을 주었다. 책이라는 거울을 통하지 않고서는 나 자신을 볼 수 없다. 내 마음속 깊이 들어갈 방법이 없다. 오직 책을 통해서 자신을 만나고 성찰한 사람만이 변화의 주역이 된다. 그것은 나 혼자만의 변화가 아닌 세상에 목소리를 내고 세상을 바꾸는 변화다. "세상이 왜 이래." "저 사람은 왜 저래"라고 말할 필요가 없다. 세상은 원래 그렇다. 태초부터 지금까지 쭉 그래왔다. 세상과 싸우지 마라. 책을 통해 자신 안으로 깊숙이 들어가라. 들어가면 들어갈수록 고요해진다. 단단해진다. 내 안이 단단해지는 만큼 세상도 바뀌게 되는 것이다. 변화의 주체는 '나'다.

　『잃어버린 시간을 찾아서』를 쓴 프랑스 최고의 소설가 마르셀 프루스트는 이런 말을 남겼다. "바뀐 것은 없다. 단지 내가 달라졌을 뿐이다. 내가 달라짐으로써 모든 것이 달라진 것이다." 변화도 없고 나약한 내가 세상을 어떤 힘으로 바꿀 수 있는가? 오히려 잠식당하지 않을까? 나를 바꾸는 것이 가장 현명하고 가장 빠르고 가장 안전하다. 세상이 어떻든 남이 어떠하든 그 자리에서 벗어나 책을 읽고 내 속으로 깊숙이 들어가라. 모든 해결책은 모든 문제의 근원은 내 속에 있다. 나만 만나면 된다.

 책은 저자와 나, 나와 나, 글과 나의 만남이다. 저자가 나를 보여주고 내가 나를 보여주고 글이 나를 보여준다. 나를 만나고 싶지 않아도, 만나지 말라고 해도 읽는 동안 계속해서 내가 등장한다. 책을 읽으면 읽을수록 내 속으로 깊이 들어가게 된다. 거울 앞에 흠집이 드러나듯이 잘못된 생각이나 행동들이 전부 드러난다. 저절로 깨닫고 성찰하게 된다. 그래서 책을 읽으면 변화하는 것은 당연하다. 내가 잘 보이지 않는가? 내가 어떤 사람인지 알고 싶은가? 어떻게 내 속으로 들어가는지 모르는가? 나를 바꾸고 싶은가? 세상을 바꾸고 싶은가? 책을 펼쳐라! 책은 우주의 선물(present)이다. 그 선물을 지금(present) 읽어보자.

"이 세상 모든 책이 그대에게 행복을 가져다주지는 않아.
하지만 가만히 알려주지. 그대 자신 속으로 돌아가는 길.
그대에게 필요한 건 모두 거기에 있지. 해와 달과 별,
그대가 찾던 빛은 그대 자신 속에 깃들어 있으니."

– 헤르만 헤세

독서는

스트레스 해소 효과와
재충전의 힘을 준다

우리는 인생을 살면서 감당할 수 없는 일을 경험한다. 그리고 어떤 상황에 적응하기 힘들 때도 있다. 인간은 이때 가장 스트레스를 많이 받는다. 모든 병의 근원은 스트레스다. 스트레스는 정신에서 시작하지만 시간이 갈수록 몸에 좋지 않은 반응들을 일으킨다. 과식, 불안, 건망증, 근육통, 두통, 불면증, 고혈압, 속 쓰림 등 다양하게 나타난다. 스트레스가 없는 사람은 단 한 사람도 없다. 중요한 것은 스트레스를 올바른 방법으로 해소하고 어떻게 재충전하는가에 있다. 대다수의 사람은 잘못된 방법으로 스트레스를 해소하지만 그것은 더 스트레스를 가중시킨다. 스트레스를 해소하는 최고의 방법은 독서다. 독서가 스트레스에서 '도피'하는 힘을 주고, 재충전시켜 주는 '돌파'의 능력을 준다.

내 인생에서 가장 큰 스트레스는 사랑하는 사람과의 이별이었다. 지금은 추억이 되었지만 그 당시에는 숨조차 쉴 수 없을 만큼의 스트레스였다. 아파트 옥상에서 한쪽 다리를 걸쳐 떨어지는 상상을 해보고 술을 먹고 도로에 뻗기 일쑤였다. 병원에서 상담도 받아보고 약물치료도 받았지만 전혀 도움이 되지 않았다. 술, 담배, 게임으로 그 순간은 스트레스에서 벗어나는 것 같았지만 그것도 잠시뿐이었다. 남들이 걱정할 정도로 심한 중독자가 되어 뇌와 몸을 더 혹사시키고 있었다. 어느 날 술에 잔뜩 취한 상태에서 가끔씩 방문하던 서점에 들어갔다. '책이 나를 살려줄 것이다'라는 희망으로 도서 검색기 앞에 섰다.

'사랑'이라는 단어를 검색해 보았지만 슬퍼하는 나에게 맞는 제목은 없었다. 다시 '슬픔'이란 단어를 검색해 보았다. 하지만 모두 부정적인 제목이었다. 지금 슬퍼하는 나를 위로해 주고 마음을 이해해 주는 책의 제목을 원했다. 그때 마침 한 단어가 떠올랐는데 '이별'이었다. 검색기에 이별이란 단어를 쳐보니 상단에 『이별한다는 것에 대하여』란 책이 보였다. 책 표지는 어떤 한 여인이 창가에서 뒷모습을 비추고 있었는데 꼭 내 모습과 같아 보였다. 동질감이 들어 빨리 그 책이 있는 곳으로 향했다. 아니나 다를까 지금 내게 딱 맞는 책이었다. 문장 하나하나가 가슴을 후비고 눈물을 훔치게 했다. '어떻게 내 마음을 이리도 잘 알지?'라며 놀랐고 '이것이 글의 힘이구나'라고 생각했다.

　모든 문장 하나하나가 나를 달래주었다. 그중 가장 힘이 있고 아직도 내 머릿속에 남아 있는 문장들이 있다. "상실은 누구나 겪는 일이다." "슬픔에는 반드시 끝이 있다." "삶의 여정 속에 그림 자처럼 상처도 따라다닌다 할지라도 그럼에도 불구하고 살아가는 것. 상처에 파묻히지 않고 이제는 삶 속으로 들어가는 것. 그것이 내 삶의 목적." 세상 어디에서도 보지 못한 글들이 종이에 적혀 있다는 게 신기했다. 몇 개월 동안 숨도 쉬지 못하게 했던 스트레스가 서서히 사라졌다. 정신이 맑아지고 나도 이겨낼 수 있다는 희망이 생겼다. 다시 삶을 재정비하게 됐다. 내 자신의 삶 속으로 들어가 삶을 제대로 살아내는 것이 가능해졌다.

　어느 날 친한 동생이 이별 후 상실한 채로 나에게 다가와 서럽게 울었다. 나는 두말하지 않고 얼른 집에 가서 『이별한다는 것에 대하여』를 가져왔다. 밑줄 친 부분만 천천히 읽으라고 하고 집으로 보냈다. 몇 개월이 지나고 그 동생이 연락해서 나에게 이런 말을 전해주었다. "오빠가 주신 책을 몇 번 읽었어요. 문장 하나하나가 상처 난 곳에 약을 발라주는 느낌이었어요. 그때 극심한 스트레스가 이 책을 통해 사라졌어요. 정말 고마워요." 나와 그 동생이 상실의 강, 스트레스의 강을 무사히 건너올 수 있게 해준 것은 다름 아닌 '책'이다. 책을 통해 우리는 스트레스에서 벗어날 수 있었고, 재충전하여 세상을 향해 나아갈 수 있었다.

2015년 영국 서식스 대학교 인지신경심리학과 데이비드 루이스 박사는 스트레스 해소법에 대해 실험했다. 평소 스트레스에 노출이 심한 참가자들을 모아 다섯 그룹으로 나누었다. 한 그룹씩 각각 다른 행동을 하게 했다. 첫 번째는 커피 마시기, 두 번째는 게임, 세 번째는 산책, 네 번째는 음악 감상, 다섯 번째는 독서였다. 모든 행동을 마친 5개 그룹에서 스트레스가 얼마나 줄어들었는지 측정을 했다. 결과는 이렇다. 1위 독서(68%), 2위 음악 감상(61%), 3위 커피 마시기(54%), 4위 산책(42%), 5위 게임(21%). 독서가 스트레스 감소에 최고라는 것을 입증하는 실험이었다. 또 6분 정도만 읽어도 68%의 스트레스가 감소되고 긴장이 풀리며 심박수가 낮아졌다.

실험이 끝나고 루이스 박사는 이렇게 말했다. "무슨 책을 읽는지는 중요하지 않다. 다만 작가가 만든 상상의 공간에 푹 빠져 일상의 스트레스와 걱정에서 탈출할 수 있으면 된다." 사람들은 책을 읽으라고 하면 거창하게 생각하고 지레 겁을 먹는다. "책이 수준이 높은데 어떻게 읽어?" "300페이지나 되는 걸 어느 시간에 읽어?" "책 얘기 듣기만 해도 토가 나온다." 아니다. 책은 아주 쉽다. 한 편의 시를 읽은 것도 책을 읽은 것이다. 두꺼운 책의 한 문장이라도 내 마음을 두드렸다면 책을 읽은 것이다. 루이스 박사의 말처럼 어떤 책이든 상관없다. 두께도 상관없다. 몇 줄도 상관없다. 만화도 동화도 시집도 잡지도 소설도 따질 필요가 없다.

어떤 책이든 지금 나를 옥죄고 있는 스트레스에서 벗어날 수만 있다면 좋다. 스트레스는 분명히 책을 통해 해결할 수 있다. 책을 읽는 것이 스트레스를 피하고 없애는 최고의 방법이고 최선의 수단이다. 무엇을 더 기다리고 엄청난 것들을 기대하고 있는가? 지름길은 없다. 내 눈앞에 쉽게 보이는 '책'이 곧 왕도이다. 책을 들고 단 몇 줄이라도 6분 이상 읽어서 내 생각과 마음을 글로 적셔주면 된다. 군데군데 드러난 스트레스의 때들을 문장으로 샤워해 보면 책이 최고의 치료제라는 것을 알게 된다. 책을 빼놓고 스트레스 해소를 논할 자격이 없다. 다른 방법은 시간이 걸리고 잠깐의 해소를 주지만 책은 즉각적이고 오랜 반응을 준다.

결과에 나왔듯이 게임은 스트레스를 약간은 줄여줄지 몰라도 심장박동수를 높인다. 그 말은 게임은 시간이 지나면 오히려 스트레스를 가중시킨다는 것이다. 안타까운 것은 대부분의 사람이 게임과 영상에 깊이 빠져 있다는 것이다. 타인의 글이 내 속에 들어와 복잡한 머리를 환기시켜 주고 새로운 발상을 주는 것이 책의 힘이다. 책은 도피와 돌파를 동시에 가능하게 해준다. 영상과 게임은 그런 힘이 없다. 잠시 도피하고 돌파하는 것 같아 보여도 다시 현실에 주저앉게 만든다. 스트레스는 '팽팽하게 조인다'라는 의미다. 단축되어 있는 정신을 책으로 스트레칭해서 늘려야 한다. 영상과 게임은 정신을 더 단축시킬 뿐이다.

미국 제16대 대통령 에이브러햄 링컨은 수많은 스트레스와 역경을 독서로 이겨낸 인물이다. 대통령이 되고도 스트레스가 엄청 많았다. 그전까지도 숱한 실패와 스트레스의 연속이었다. 가난한 집안, 초등학교 1년 학력, 집을 잃고 거리로 내몰림, 2번의 사업 실패, 17년 빚 갚음, 동생의 죽음, 어머니의 죽음, 약혼녀의 죽음, 두 아들의 죽음, 아내의 히스테리, 여러 직업을 전전, 신경쇠약과 우울증, 9번의 선거 참패. 누가 봐도 링컨은 신이 버렸다 생각할 만큼 불운아였다. 그럼에도 불구하고 링컨은 항상 이런 고백을 하며 역경과 스트레스를 이겨냈다. "나는 계속 배우면서 갖추어 간다. 언젠가는 나에게도 기회가 올 것이다."

링컨은 수많은 역경과 스트레스 가운데에서도 독서를 잃지 않았다. 감당하기조차 힘든 스트레스가 짓누를 때도 독서를 통해 도피하고 안식했다. 링컨이 만약 독서를 하지 않았다면 결과는 뻔했다. 실패 앞에 좌절하는 것은 물론 훌륭한 업적은커녕 변변

치 않게 살다가 생을 마감했을 것이다. 하지만 링컨은 매일 새벽에 일어나 성경을 펼쳤다. 그의 성경 읽기는 삶의 고비마다 힘을 발휘하는 데 한몫했다. 『워싱턴 전기』와 『톰 아저씨의 오막살이』를 정독한 링컨은 대통령과 노예 해방을 꿈꿨다. 결국 링컨은 수많은 역경을 딛고 그의 바람대로 미국 대통령이 되었고 노예 해방을 이뤄냈다. 역사상 가장 위대한 인물이 된 것이다.

링컨은 스트레스를 책으로 뚫고 책에서 재충전을 얻어 삶의 희망을 노래했다. 링컨이 다른 것들로 스트레스를 풀었다면 잠깐은 해소할 수 있었을 것이다. 하지만 책이 주는 재충전의 새 힘은 전혀 받을 수 없었을 것이다. 실패의 스트레스는 피할 수 있었겠지만 대통령과 노예 해방의 비전은 품지 못했을 것이다. 책 외의 것들은 스트레스를 약간 줄여주지만 세상과 싸워 이기는 힘을 주지 못한다. 왜냐하면 지금 처한 상황에 올바른 해석과 이해와 판단력을 심어주지 못하기 때문이다. 그냥 기분을 맞춰줄 뿐이고 쾌락을 줄 뿐이다. 나의 연약함과 나의 스트레스에 어떠한 해석도 없고 이겨낼 힘도 주지 못한다. 스트레스는 더 가중되고 더욱 지속된다.

독서는 링컨에게 스트레스 해소에서 머물지 않고 더 나아가 비전을 밝혀주는 한 줄기 빛이었다. 링컨은 "내가 알고 싶은 것은 모두 책에 있다"라고 말했다. 링컨은 자신의 인생이 지금 왜 이런지, 어떻게 해야 더 잘할 수 있는지 알고 싶은 것들이 많았다. 그때마다 책을 펼쳐 궁금한 모든 것을 파헤쳐 나갔고 결국 원대한 꿈들을 이루어 나갔다. 스마트폰을 과부하 걸리게 사용하면 영영 꺼져버린다. 그렇게 되면 그 안에 있는 정보들은 전부 사라진다. 이 현상을 해결하는 방법은 스마트폰을 하루에 단 몇 분이라도 꺼놓는 것이다. 스마트폰을 끄면 스마트폰은 자동으로 재충전된다. 인간의 스트레스도 마찬가지다. 스트레스가 넘칠 때 우리 뇌도 충전이 필요하다. 스트레스를 해소하고 뇌를 충전하는 가장 좋은 방법, 독서뿐이다.

그대에겐 지금 어떤 스트레스가 자신을 괴롭히고 있는가? 그 스트레스를 묵상하지 말라. 깊이 관여하지 말라. 벗어나야 한다. 잊어버려야 내가 산다. 잊는다는 것은 생각을 다른 곳으로 잠시 옮기는 것이다. 책 속으로 내 생각을 옮겨보라. 스트레스가 없어지는 것은 물론, 그 스트레스의 근본 원인까지 해결해 줄 묘안을 줄 것이다. 좋은 스트레스와 나쁜 스트레스가 있다. 독서가 어떤 사람에게는 스트레스다. 하지만 독서를 지속하다 보면 그것이 좋은 스트레스라는 것을 깨닫게 된다. 좋은 스트레스, 독서에 빠져보자. 독서가 모든 스트레스에서 나를 해방시켜 주고 무지에서 앎으로 이동시켜 준다.

"한 시간 독서로 누그러지지 않는 걱정은 결코 없다."

- 샤를 드 스공다

독서는

생각의 핵심을
잡아준다

철학자 데카르트는 '나는 생각한다. 고로 나는 존재한다'라고 말했다. 지구상에 존재하는 모든 사람은 생각한다. 생각하기에 인간으로 존재한다. 동물들이 본능대로만 살아가는 이유는 인간처럼 생각할 수 없기 때문이다. 동물들은 본능적이고 비이성적이다. 동물은 언어와 글자가 없고 시간이 없다. 인간만이 문명을 발전시키고 의학과 과학과 철학을 탄생시켰다. 이 모든 것은 '생각'이 있느냐 없느냐의 차이다. 생각하는 사람은 인간으로서 존재한다. 더 나아가 차원이 다른 인간으로 존재하려면 생각이 깊어야 한다. 그 생각의 깊이는 생각의 집약체인 책으로 확증한다. 책을 읽을 때 깊은 생각에 도달한다. 책을 읽을 때 다른 차원의 생가이 형성된다.

책을 만나기 전까지 나는 친구를 인생의 전부로 생각했다. 술자리에 빠지질 않았고 각종 모임을 주관하고 일등으로 참석했다. 간혹 마음이 상하는 문제가 생기면 관계를 깨트리기 싫어 먼저 사과하고 선물을 했다. 술자리에서 나눈 부정적이고 험한 얘기들을 인생의 기반으로 삼았고 진리인 양 따라 했다. 서로 매일 만나는 게 당연했고 하루라도 보지 않으면 인생이 허무했다. 사실 만나봤자 옥석 같은 대화는 없었다. 서로를 욕하고 과거에서 벗어나지 못하는 추억팔이 대화뿐이었다. 어느 순간부터는 괴롭고 마음이 아파왔다. 너무 힘들 때는 만남을 자제도 해봤지만 외로움이 찾아왔다. 할 수 없이 반복된 만남을 통해 외로움을 달래곤 했다.

그러다 살던 동네를 떠나 서울에서 1년을 매일 속독학원에 다니게 되었다. 그 1년 동안 매일 고독과 싸워야 했고 많은 생각의 변화들이 일어났다. 고독은 외로움과 달리 어떤 목표를 위해 스스로 고립된 것이란 것을 깨달았다. 학원 사람들과 친분이 맺어질 때도 만남을 피하고 악착같이 고독을 선택했다. 내게 남은 것은 늘 책이었다. 책이 부모였고 책이 멘토였고 책이 친구였고 책이 형제였고 책이 여행이었고 책이 술이었다. 그렇게 1년을 책을 보며 고독과 함께하고 깊은 생각의 변화를 맞이했을 때 나는 달라졌다. 모든 친분 모임을 끊었고 사람을 만나도 생각이 얕으면 만남을 자제했다. 지금은 본능적이고 부정적인 사람들이 사라졌다. 생각과 말의 차원이 다른 사람들이 내 주위에 가득 차기 시작했다.

고독을 선택했더니 좋은 친구들이 찾아왔다. 미국의 사상가 에머슨은 "집을 가장 아름답게 꾸며주는 것은 자주 찾아오는 친구들이다"라고 말했다. 내 인생의 집이 아름답게 바뀌려면 무엇보다 친구를 바꿔야 한다. "그저 좋은 게 좋은 거야"라고 말하는 친구가 아니다. 다른 영감을 주고 삶에 새 희망을 불어 넣어주는 친구가 나를 아름답게 꾸며주는 친구다. 내가 어떤 사람인지는 가까이 있는 책과 친구를 보면 금방 알 수 있다. 친구를 바꾼다는 것은 정말이지 쉽지 않은 일이다. 그것은 나를 통째로 바꿨다는 것이다. 인생을 바꿨다는 것이다. 나는 그것을 책을 통해 이뤄냈다. 책을 읽고 생각이 깊어지니 시야가 바뀌고 친구가 바뀌었다.

이 모든 생각의 변화는 책이라는 진정한 친구 덕분이다. 책이라는 친구가 없었다면 사색할 수 없었다. '친구가 인생의 전부가 아니다'라는 것을 책을 통해 깨달았다. '인간은 가까이 있는 사람에게 영향을 받기에 이왕이면 좋은 친구를 사귀자'라고 다짐했다. 책을 읽고 생각의 흐름을 바꾼 것이다. 생각 속에 자리 잡고 있던 기존의 문장들과 책의 문장들이 마찰을 일으켜 나를 깨웠다. 안타깝게도 대부분의 사람은 TV나 유튜브가 생각의 도구라고 생각한다. 영상매체라는 아주 친숙한 친구를 생각의 핵심이라고 말한다. 하지만 그건 착각이다. 영상은 생각을 정지시킨다. 관점을 파괴한다. 생각하는 주체인 '나'라는 개별성을 훔쳐가는 좀도둑과 같다.

EBS 제작팀은 2021년 3월 22일 〈당신의 문해력〉 프로그램에서 한 실험을 소개했다. 독서할 때, 오디오를 들을 때, 동영상을 시청할 때 달라지는 뇌 변화를 측정한 것이다. 즉 '전전두엽 활성화' 실험을 진행했다. 우선 실험을 위해 참가자 3명에게 '휴대용 뇌 영상장비'를 머리에 착용시켰다. 바로 이어 같은 문장을 각각 다른 매체로 접하게 했다. A는 줄글을 읽게 했고, B는 오디오를 듣게 했고, C는 동영상을 시청하게 했다. 결과는 놀라웠다. 우리 뇌에서 생각을 깊이 있게 해주고 고차원적인 추론 능력을 주는 부위는 전전두엽이다. 이 전전두엽이 독서할 때 가장 높게 활성화된다고 밝혀진 것이다.

모두 같은 내용인데도 어떤 방식으로 정보를 얻느냐에 따라 뇌의 움직임이 달라진다. 이 실험에서는 어떤 색으로 변했느냐에 따라 전전두엽의 활성화 정도를 나타냈다. 동영상은 파란색으로 전전두엽에 미동이 없었고, 오디오는 노란색으로 조금 움직였다.

반면 줄글을 읽는 독서는 빨간색으로 전전두엽이 적극적으로 활성화되었다. 우리 몸의 총사령관이자 오케스트라의 지휘자격인 전전두엽은 독서를 통해 움직인다. 독서를 할 때만이 올바른 계획을 세우고 명확한 결정을 하는 전전두엽을 일깨운다. 인간을 깊은 깨달음으로 안내하고 올바른 행동으로 이끌어 주는 것은 전전두엽이다. 전전두엽이 인생 성공의 핵심 키워드다.

슬픈 현실은 사람들 대다수가 매일 영상에 노출되어 전전두엽의 기능을 떨어뜨리고 있다는 것이다. 스마트폰은 우리에게 편리함으로 다가왔지만 전전두엽을 마비시키는 불편함으로도 다가왔다. 어느 순간부터 남녀노소 할 것 없이 유튜브라는 내 손안의 TV를 매일 붙잡고 있다. 유튜브가 많은 유용한 정보를 주는 것은 사실이다. 웬만한 궁금증들은 유튜브로 해결할 수 있다. 하지만 영상과 더 가까울수록 글에서는 더 멀어지고 영상에만 푹 빠지게 된다. 글을 읽을 때만이 전전두엽이 작동하여 깊은 생각에 도달한다. 가진 자는 더 갖고 없는 자는 더 없게 되는 '매튜효과'가 발동한다. 글은 읽어야 더 읽을 수 있고 생각을 해야만 더 깊게 생각할 수 있다.

나는 의도적으로 TV를 없앴다. 의도적으로 유튜브를 삭제했고 스마트폰을 멀리 둔다. 이것들은 내 생각의 도구가 아니기 때문이다. 예전에는 나를 똑똑하게 만들어 줄 거라는 착각 속에 하루 종일 붙잡고 있었지만 전혀 아니었다. 시간이 갈수록 스스로 생각하지 못하는 바보가 되어 있었다. 캐나다의 미디어 이론가 마셜 매클루언은 '핫미디어'와 '쿨미디어'라는 개념을 만들었다. 핫미디어는 대표적으로 '책'을 말하고 쿨미디어는 'TV'를 말한다. 위 실험에서 봤듯이 전전두엽을 뜨겁게 만드는 것은 책이고 차갑게 만드는 것은 영상이다. 근육이 따뜻한 물에서 풀리듯 우리의 생각도 핫(hot)할 때 넓고 깊어진다. 책만이 우리의 생각을 제대로 바꿀 수 있다.

"건설이란 기본적으로 사람이 활동하는 공간을 창조하는 일입니다. 이 일을 잘하려면 사람에 대해 잘 알아야 해요. 독서를 통해 인문학과 예술을 접할 때 다양한 사람들과 접점이 생기고 긴밀하게 소통할 수 있죠. 독서를 해야 사고의 폭이 넓어집니다." 1996년 국내 최초로 건설 사업관리를 도입한 한미글로벌 김종훈 회장의 말이다. 김종훈 회장은 26년간 전 세계 58개국에 2500여 개의 건설프로젝트 관리를 성공시킨 인물이다. 국내에 있는 잠실롯데타워, 상암월드컵경기장, 도곡타워팰리스, 하남스타필드가 그 대표적인 예다. 그가 회사를 세우기 전부터 지금 세계 9위 글로벌 기업이 되기까지의 비법은 독서를 통한 생각이었다.

김종훈 회장은 서울대 건축학과를 졸업한 지 30년 만에 서강대 경영대학원에 입학했다. 주경야독으로 공부와 독서에 몰입하여 생각의 깊이를 넓혀갔다. 그는 한 인터뷰에서 이런 말을 했다. "대체로 기술자들은 기술적 사고 틀에 갇혀 자기 경험과 지식의 한계를 극복하지 못합니다. 그런데 그때 경영을 배운 것이 기술자의 한계를 뛰어넘어 세상을 바라보는 계기가 됐어요." 건축이라는 도로에 경영이라는 또 다른 생각의 도로를 연결하여 지금의 한미글로벌이 탄생했다.

그는 다시 모교인 서울대에 입학하여 오랜 노고 끝에 건축학 박사학위를 취득했다. 지금의 한미글로벌은 김종훈 회장의 끊임없는 학구열과 독서로 세워진 기업이다. 주먹구구식 경영이 아닌 독서경영법으로 체계화·자동화·시스템화되어 있는 초일류기업이다. 자신의 좁은 경험과 지식의 한계를 독서를 통해 뛰어넘은 김종훈 회장은 직원들에게 독서를 강조한다. 직원들에게 책값을 지원해 주고 독후감을 쓰게 하여 구성원 모두 남다른 생각을 갖도록 도와준다. 독서를 통해 소통을 키우고 소양을 쌓아 일의 능률을 무한대로 끌어올려 준다. 결국 생각의 차원이 달라진 구성원들과 함께 더욱 건강하고 뛰어난 기업을 만들어 나가고 있다.

어떤 기업이든 회사든 또 사회, 학교, 가정, 개인 모두 잘되는 비결은 하나다. 생각을 남다르게 하고 깊게 하는 것이다. 남다른 생각을 통해 내가 서 있는 이곳을 건강하고 똑똑하고 아름답게 바꾸는 것이다. 우리가 사는 대로 생각하면 본능에서 벗어날 수 없다. 동물처럼 살다가 죽는 것이다. 인간이 동물과 다른 점은 사유한다는 것이다. 생각한다는 것이다. 깊이 생각하며 살아갈 때 위대한 인간이 되며 어느 곳에 있든 그곳을 변화시킨다. 그 위대한 인물의 깊은 생각은 책이라는 우물을 통해서 끌어올릴 수 있다. 생각의 최고령에 있는 사상가들조차도 책을 통해 사색했다. 또 책을 써서 우리에게 생각의 고리를 연결시켜 주고 있다.

미국 터프츠 대학교 매리언 울프 교수는 자신의 책 『책 읽는 뇌』에서 이렇게 말했다. "종이책은 읽는 도중 생각의 지도를 만들어 줄 수 있는 우수한 매체다." 그렇다. 그 어떠한 매체도 책만큼 우리의 생각을 깊이 있게 만들어 줄 수 있는 것은 없다. 학교 시험 볼 때 독서는 불법적 커닝이지만 인생 시험에서 독서는 합법적 커닝이다. 인생에서 뭔가를 바꾸고 개척해야 할 때 본능적으로 다가가지 마라. 합법적 커닝인 책을 통해 생각을 먼저 깊이 해보자. 생각이 바뀌면 행동, 습관, 인격, 운명이 바뀐다. 인간은 생각 그 자체다. 그 사람이 어떤 생각을 하는가가 그의 실체다. 다른 인간, 다른 실체가 되기 위해 책을 읽고 생각을 바꿔라. 생각하며 살아라.

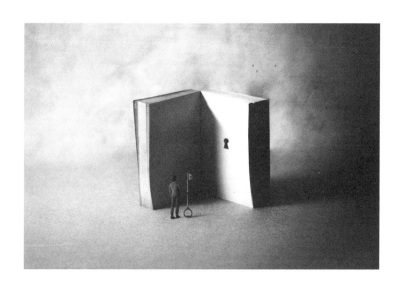

"우울한 생각들에 사로잡혔을 때, 내게는 책들에게 달려가는 것보다
더 나은 방법이 없다. 그러면 나는 곧 책에 빨려들고
내 마음의 먹구름도 이내 사라진다."

– 몽테뉴

독서는

말을 풍요롭게
해준다

TV나 라디오에서 언변이 좋은 사람들이 등장하여 말할 때 우린 이렇게 생각한다. '나도 저렇게 하고 싶다. 어떻게 하면 말을 잘할 수 있을까?' 왜 이렇게 생각할까? 말을 잘하면 어디서든 대우가 달라지기 때문이다. 말 잘함과 말 못함은 여러 부분에서 차이가 난다. 인간관계, 능률, 연봉, 사랑 대부분이 어떻게 말하느냐에 따라 달라진다. 자기를 유능하게 변호하고, 어떤 다툼도 원만하게 해결할 수 있다. 불가능을 가능하게 만드는 것이 말이다. 그럼 이 '말'을 어떻게 잘할 수 있을까? 답은 '독서'다. 말은 생각에서 나온다. 생각 속에 어휘력과 문장력이 있는 만큼 말을 하게 된다. 독서를 통해 생각이 튼튼해질 때 우리의 말은 달라진다.

"뭐야?" "왜 그래?" "짜증 나!" "힘들다." "싫어." "귀찮아."는 오래전부터 내 입에서 나온 대화법이었다. 사람과 대화하는 것이 두려웠다. 의사전달과 의사소통이 늘 막막했다. 무언가를 생각해서 대화한다는 것이 쉽지 않았다. 머릿속은 하얗고 부정적인 대화만 오가는 상황이었다. 학교에서 선생님이 질문했을 때 "머릿속에 있는데 말을 못하겠어요"라는 말만 되풀이했다. 사실은 머리에 저장되어 있는 것이 별로 없기에 제대로 말을 하지 못한 것이다. 좋아했던 친구가 떠나가면 문제를 파악하고 상황을 해석할 힘이 없어서 욕만 내뱉었다. 오해하거나 기분이 상할 일들이 벌어지면 말로 풀지 않고 몸으로 부딪쳐 힘을 과시하곤 했다.

1년이란 시간을 책 읽는 훈련에 매진했을 때 이전에 쓰던 말투들은 깨끗이 사라졌다. "그런즉 누구든지 그리스도 안에 있으면 새로운 피조물이라. 이전 것은 지나갔으니 보라 새것이 되었도다"라는 성경 말씀처럼 책 속에 들어갔다 나오니 완전히 새로운 피조물이 되었다. 이전의 말투들은 사라지고 새로운 말투들이 샘솟았다. 가령 귀찮고 힘든 상황이 와도 책을 통해 해석할 힘이 생기니 그 상황을 달리 바라보게 된다. 예전과는 완전히 다른 말투가 입 밖으로 나간다. "조금 힘들어도 제 몸과 마음이 더 단단해지는걸요. 인생에서 또 한 번 좋은 경험을 하게 되네요." "힘든 것 같지만 결국 이런 일들이 저를 더 겸손하게 하고 깨달음을 줍니다."

층간소음이 있었을 때도 따지지 않고 이렇게 말했다. "저희 집에서 소음 같은 것은 없었나요? 만약 있었다면 항상 신경 쓰겠습니다. 편히 쉬세요." 친구들에게도 이렇게 말한다. "친구야, 내 행동이나 말로 인해 언짢은 것이 있으면 말해줘. 바로 고칠게." 몇 년간을 설교할 때도 작성한 원고를 전부 외우고 생각 속에서 끊임없이 연구했다. 비타민C보다 종합비타민이 좋은 것처럼 사람들에게 종합비타민 같은 말들을 주고자 했다. 생각을 좋은 책들로 가득 채우고 외우고 연구하니 멀티비타민 같은 내용들이 쏟아져 나왔다. 나와 대화하거나 설교를 들은 사람들은 말 잘한다고 잘 말한다고 칭찬해 주곤 한다.

독서를 하면 할수록 나를 돌아보게 되고 생각이 풍부해져 말이 새로워진다. 결국 말이라는 것은 생각 속에 있는 어휘와 문장들이 입 밖으로 표출된 것이다. 생각 속에 없는 것들은 말로 만들어지지 않는다. 철학자 하이데거가 "언어는 존재의 집이다"라고 한 것처럼, 언어가 나의 존재이다. 내 생각과 하나이다. 지금 내가 하는 말들은 내 생각에 머물고 있기 때문에 말하는 것이다. 어떤 것도 가진 자가 줄 수 있지, 없는 자는 절대 줄 수 없다. 의사전달은 말을 잘하는 것이고, 의사소통은 잘 말하는 것이다. 의사전달과 의사소통의 근본은 생각이다. 독서를 통해 생각을 새롭게 하고 문장력과 어휘력을 강화할 때 우리의 말은 완전히 뒤바뀐다.

로저 크루즈 미국 멤피스 대학 심리학과 교수는 『체인징 마인드』라는 책에서 언어와 노화의 상관관계를 전했다. "나이 들수록 언어능력이 떨어지는 이유는 언어능력 자체보다는 시청력, 정보 처리, 작업 기억 등 뇌의 다른 기능이 감퇴하기 때문"이라는 것이다. 말을 잘하는 것은 나이와 전혀 관련이 없다. 주변에 말주변이 없는 어른들을 보면 둘 중 하나다. 입이 무겁거나 독서를 하지 않아서이다. 청년이든 노년이든 독서를 통해 어휘와 문장에 자주 노출되다 보면 저절로 말을 잘한다. 우리가 나이를 먹으면 언어 기능이 떨어질까 봐 걱정한다. 하지만 전혀 그렇지 않다. 어휘력은 다른 뇌 기능보다 노화의 영향을 받지 않는다. 쓰면 쓸수록 더 발달하고 70대 이후에는 최고 수준까지 올라간다. 나이가 들수록 말을 못할까 봐 걱정할 필요가 없다. 다만 말을 잘하기 위해 반드시 필요한 것은 '독서'다. 나이를 먹어감에 따라 얼마만큼 어휘와 문장에 노출됐느냐가 말을 잘하냐 못하냐를 가른다.

원래부터 말을 잘하는 사람은 없다. 언어는 독서를 통한 훈련으로 향상된다. 나이가 들수록 독서의 필요성을 깨닫는 사람들이 있다. 그들은 어느 순간 독서를 통해 아는 것이 많아지고 논리적으로 요약하며 말을 잘하게 된다. 그냥 나이를 먹어서 경험이 많아지니 말을 잘할 거라고 생각하는 것은 오산이다. 말은 하는데 일방적이고 편협한 말, 거친 말, 배려가 없는 말은 말을 잘하는 게 아니다. 잘 말하는 것도 아니다. 의사전달과 의사소통이 되어야 말 잘하고 잘 말하는 것이다. 독서를 한다면 논리적이고 명확한 말을 하게 된다. 다양한 관점의 말들을 내뱉는다. 공감의 말들을 던져준다. 부드럽고 온기 가득한 말을 전해준다. 책은 말을 빛나게 한다.

103세의 철학자, 연세대 명예교수, 베스트셀러 작가 김형석 교수는 달변가 중 한 사람이다. 최고령의 나이에도 불구하고 지금도 집필과 강연 활동으로 사람들에게 큰 깨달음을 주고 있다. 그는 평양 숭실중학교에 입학했을 때부터 독서를 시작했다. 논두렁이나 학교로 가는 기차 안에서도 책을 읽었다. 그의 독서 열정의 시작은 여기서 끝이 아니다. 신사참배 문제로 다니던 중학교를 자퇴해야만 했을 때도 방황하지 않고 1년 동안을 도서관에서 책에만 열중했다. 그가 영혼을 깨우고 촌철살인의 말들을 쏟아내는 비결은 89년간 이어온 독서였다. 열네 살 때부터 시작한 독서는 지금 그의 나의 103세까지 왕성한 집필과 강연 활동에 힘을 주고 있다.

독서는 김형석 교수 인생의 전부였다. 그는 자신의 책 『백년의 독서』에서 이렇게 말한다. "무지와 힘이 지배하는 무독서 사회에는 미래가 없다. 지금, 다시 독서의 등불을 켤 때다!" 한 세기를 지나온 무게가 담긴 그의 말은 독서하지 않으면 미래가 없다는 것이다. 독서하지 않는 인간·사회·나라는 어떤 위대한 사상이 없기에 말 또한 거기서 거기다. 과거에서 벗어나지 못하는 말, 부정적인 말, 발전성 없는 말들이 난무한다. 무독서는 무질서와 같다. 일방적이고 정리와 요약이 없고 공감과 소통이 없는 대화들만 넘쳐난다. 무질서한 곳에 지성과 교양이 빈약한 대화들만 존재할 뿐이다.

서울의 한 강연장에서 김형석 교수는 이런 말을 했다. "100세를 넘기고 보니, 사람의 정신력은 늙는 게 아니에요. 몸이 늙는 거지. 인간의 신체는 성장을 멈추며 노화되지만, 우리의 정신세계는 자기 노력에 따라 얼마든지 성장이 가능해요. 공부하고 독서를 하면 노년까지도 성장할 수 있어요." 누구나 몸은 늙지만 정신은 '독서'를 통해 건강하고 젊어질 수 있다고 말한다. 정신이 늙지 않아야 세련되고 공감하고 소통하는 말을 전할 수 있다. 정신이 늙고 빈약한 사람은 공감 없는 말, 남을 훈계하는 말들로 가득하다. 때문에 권위적인 사고를 갖고 꼰대 같은 말만 쏟아낸다. 아무리 좋은 사람이라도 꼰대 같은 사람과 함께하는 것은 영 불편하다.

100세 동안 매일같이 해온 독서로 인해 지금도 그의 삶은 빛나고 있다. 책을 읽으면 읽을수록 어휘력과 문장력은 높아지고 정신은 더욱 젊어진다. 집필하는 책은 물론 방송과 강연까지 말 한마디 한마디가 우리들의 심금을 울리고 있다. 만약 독서가 없었다면 정신력은 후퇴했을 것이다. 어휘와 문장이 낯설어 아무리 책을 읽고 싶어도 이해가 불가능하여 쉽게 포기했을 것이다. 해마다 먹어가는 나이를 한탄하며 집필과 방송, 강연은 막을 내렸을 것이다. 매일 독서를 통해 전해지는 그의 말들은 마치 성경의 잠언처럼 무한한 지혜를 주고 있다. '책이 삶의 내용을 풍부하게 한다'는 그의 말처럼 책으로 내 언어들을 풍부하게 만들 때가 되었다.

말을 잘하고 싶고 잘 말하고 싶다면 생각을 풍부하게 해야 한다. 다양한 정보와 지식과 지혜, 수많은 삶의 사연들을 함축하고 있는 책을 읽어보자. 생각이 풍부해지고 내 언어는 젊어지고 공감이 있고 질서가 있고 생명을 살리게 된다. 책을 읽는 자는 어휘와 문장이 높아지고 풍성하여 책 읽기가 쉬워지고 습관이 된다. 책을 통해 사고력을 높이면 말을 잘할 수 있는 표현력이 높아진다. 표현력이 높아질 때 사고력은 점점 더 단단해진다. 이런 선순환의 작용은 오직 '책' 읽기를 통해서만 가능하다. 책은 나를 살릴 뿐만 아니라 내 말을 들은 사람들까지도 살릴 수 있는 생명의 도구다. 보석 같은 말은 책을 읽는 생각을 통해 흘러나온다.

"독서는 하나의
창조 과정이다."

– 일리야 에렌부르크

독서를 하면

운명이 바뀐다

우리는 지금의 모습보다 더 나은 모습으로 바뀌기를 원한다. 사는 곳이 달라지고 수입이 달라지고 만나는 사람들이 달라지기를 원한다. 즉 운명이 달라지기를 원한다. 세상에는 운을 바꾸기 위한 여러 가지 방법이 있다. 인사하기, 겸손하기, 말 잘하기, 성공한 사람들과 어울리기, 일찍 일어나기 등 다양하다. 이 모든 방법을 한 번에 터득하는 것이 바로 '독서'다. 독서를 빼고서 복잡하고 다채로운 세상에서 운명을 바꾸기란 여간 쉽지 않다. 책은 수천 년간 내려온 지식과 지혜를 통해 다양한 방법으로 운명을 바꿀 노하우를 알려준다. 독서 없는 인생은 운명이 정해져 있고, 독서하는 인생은 운명을 움직인다.

'운명은 정해져 있다.' '생긴 대로 사는 거야.' '타고난 업보야.'

'어쩔 수 없어.' 독서를 하기 전까지 내가 가장 많이 듣고 믿어왔던 말들이다. 부모님과 동네 어르신들은 인생은 정해져 있다며 아무리 노력해도 바뀔 수 없다고 말했다. 내가 봐도 그런 동네와 환경, 그저 그런 사람들의 입에서 당연히 나올 수밖에 없던 말이었다. 가난은 기본이고 장애와 폭력, 도둑질이 난무했으니 말이다. 그런 환경 탓에 친구들의 이상형은 건달, 불법다단계, 도둑이었고 나는 꿈조차 없었다. 장애를 가지고 페인트가게를 하던 가난한 부모 밑에서 페인트 이름을 잘 외우는 것이 꿈이었다. 조금 더 잘사는 옆 동네 아이들이 가난하다고 놀려대면 그게 내 운명이니 받아들였다.

이 글을 쓰는 동안 잠깐 멈칫하고 눈물을 흘렸다. 그때 왜 그렇게 놀림을 받아야 했고 가난에서 못 벗어났는지. 왜 그런 일을 당연하다고 운명처럼 받아들이고 살아왔는지 참 개탄스럽다. 누군가 '운명은 바뀔 수 있어'라고 말해줬다면 조금 더 일찍 인생을 바꿨을 것이다. 어느 날 만난 신데렐라와 같은 책은 내 운명을 바꿨고 지금도 꾸준히 바꾸고 있다. 누가 내게 어떻게 인생이 바뀌었냐고 물어보면 단연 오직 '독서'라고 말해준다. 책이 아니었다면 아직도 운명이 정해진 것처럼 행동했을 것이 뻔하다. 독서가 내 수입을 바꿨고 생각을 바꿨고 사람을 바꿨고 사는 곳을 바꿨다. 독서는 내 운명을 지금도 바꾸고 있다.

독일의 소설가 헤르만 헤세는 『데미안』에서 "새는 알에서 나오려고 투쟁한다. 알은 세계다. 태어나려는 자는 하나의 세계를 깨뜨려야 한다. 새는 신에게로 날아간다"라고 말했다. 독서는 운명의 알에서 탈출하기 위해 투쟁하는 행위다. 가난한 운명의 알에서, 무지한 운명의 알에서, 중독의 운명의 알에서 나오려면 깨뜨려야 한다. 책이라는 도끼로 내리쳐야 깨뜨릴 수 있다. 더 나은 운명의 신에게로 날아가기 위해 책을 읽고 탈출해야 한다. 그저 평범하고 지금의 운명에 만족한다면 굳이 독서할 필요가 없다. 그냥 그렇게 그런 인생으로 살면 된다. 하지만 지금 운명이 싫고 눈물이 난다면 당장 나와야 한다. 깨지지 않는 알은 결국 썩을 수밖에 없다.

'타고난 운명이 있고 절대 바뀔 수 없다.' '운명대로 산다.' 내가 가장 듣기 싫어하는 말이다. 나는 이렇게 말해주고 싶다. '운명은 바꾸라고 있어!' '해보기나 했어?' '네 그릇은 네가 만드는 거야.' 사람들을 많이 상대하면서 공통적으로 느낀 것이 있다. 운명론을 탓하는 사람들 대부분은 운명을 바꾸기 위한 어떠한 노력도 하지 않고 말만 한다는 사실이다. 고민 상담을 하러 오는 친구들을 보면 확실히 알 수 있다. 나는 그들에게 이렇게 말한다. "반드시 책을 읽고 생각, 말, 행동을 바꿔라. 그때서야 운명이 바뀐다." 그럼 돌아오는 답변은 이렇다. "읽어도 안 바뀌던데요." 나는 다시 말한다. "어떻게 책을 한두 권만 읽고 운명을 바꾸려 하지?"

　독일의 철학자 프리드리히 헤겔이 말한 '양질 전환의 법칙'이란 일정한 양이 축적되면 화학적·물리적으로 변화가 일어난다는 개념이다. 어느 것이나 몰입과 노력을 통해 양을 축적하면 비로소 질적인 변화를 가져온다. 곧 양(Quantity)이 질(Quality)을 형성한다. 물은 99도에서 끓지 않고 100도의 임계점을 만나는 순간 끓기 시작한다. 액체에 수증기가 생기며 기체로 바뀌는 시점이 100도이기에 그 전까지 계속 열을 가해야 한다. 만약 99도에서 가열을 멈추었다면 절대 물이 끓지 않는다. 펄펄 끓는 뜨거운 물의 '질'은 연속적으로 가열하는 '양'이 있어야 탄생한다. 결국 우선적으로 질보다 양이 중요하다 할 수 있다.

　단기간에 이루어지는 것은 없다. 어떤 빌딩을 건축할 때 체계적이고 튼튼하게 지으려면 반드시 거기에 따른 시간이 필요하다. 만약 시간을 단축하기 위해 빨리빨리 서두른다면 제대로 된 빌딩을 만들 수 없다. 부실공사로 건물 여기저기에 많은 문제들이 생겨나고 쓰러질 위기에 처한다. 세상에서 인정받고 통하는 것들은 전부 일정한 시간을 보내왔다. 공자는 『주역』에서 '궁즉통'의 논리를 말했다. 궁하면 통한다는 뜻인데, 즉 어느 곳에서나 통하고 인정받으려면 극도의 시간들을 거쳐야 한다. 시간이 극에 달하고 몰입이 극에 달하고 양이 극에 달해야 무엇이든 통할 수 있다.

독서도 마찬가지다. 독서의 시간과 풍부한 양이 확보되어야 인생의 변화가 오기 시작한다. 운명이 변하고자 움직이기 시작한다. 고작 한두 권 읽어서 인생의 변화를 바라는 것은 도둑 심보다. 또 취미생활처럼 가끔씩 책을 펼쳐보는 것도 운명에 아무런 영향을 미치지 못한다. 삶의 힌트를 얻고자 한다면 조금 읽어도 가끔 읽어도 괜찮다. 어떤 사람들은 책의 목차만 보고 덮는 사람들도 있으니 말이다. 운명을 바꾸는 독서의 임계점은 나를 극도의 상황까지 몰고 갈 때 찾아온다. 단순 취미 독서가 아니다. 특기를 넘어 생명을 바치는 독서가 되어야 한다.

'미쳐야 미친다'라는 말이 있다. 독서는 시간에 미치고 양에 미쳐야 좋은 운명에 미칠 수가 있다. 물론 너무 많은 시간을 바칠 필요는 없다. 매일 폭발적인 양을 채운다면 시간은 무의미해진다. 1주일에 1권을 10년 동안 읽은 사람과 매일 2권씩 1년을 읽은 사람 중 누가 질적으로 성장했을까? 당연히 매일 2권씩 읽은 사람이다. 10년을 읽은 사람의 양은 520권이고, 1년을 읽은 사람은 728권이다. 1주일에 1권씩 읽는 것은 안 읽는 사람보다 훌륭하지만 단지 취미생활 정도다. 운명을 흔드는 자는 매일 2~3권씩 읽는다. 날마다의 독서의 양이 인생의 질을 결정한다. 1권은 1권의 운명에 미치고 1000권은 1000권의 운명에 도달한다.

16세기 조선의 성웅으로 자신의 운명을 바꾸고 나라의 운명까지 바꾼 인물이 있다. 임진왜란 7년 동안 일본으로부터 우리나라를 구한 충무공 '이순신' 장군이다. 그는 누구도 흉내 낼 수 없는 뛰어난 전술로 전쟁에서 단 한 번도 패배한 적이 없다. 열악한 상황에서도 사기를 끌어 올리는 명언을 남기며 항상 전쟁에서 승리했다. "무릇 죽기를 각오하면 살고, 살고자 하면 죽을 것이다." "망령되이 움직이지 말라. 침착하게 태산처럼 무겁게 행동하라." "신에게는 아직 12척의 전선이 남아 있습니다. 신의 몸이 살아 있는 한 감히 적은 조선의 바다를 넘보지 못할 것입니다." "전쟁이 시급하니 나의 죽음을 적들에게 알리지 말라."

이순신 장군의 이런 뛰어난 전술 능력과 사기를 돋우는 명언들은 그의 독서력에서 찾을 수 있다. 조선의 학자로 활동하며 임진왜란 때 이순신을 보좌했던 그의 조카 '이분'이 있다. 이분은 그의 책 『이충무공행록』에 작은아버지 이순신에 관해 이렇게 기록했다. "겨우 한두 잠을 잔 뒤 부하 장수들을 불러들여 날이 샐 때까지 전략을 토론했다. 정신력이 보통사람보다 배나 더 강했다. 때때로 손님과 한밤중까지 술을 마셨지만, 닭이 울면 반드시 일어나 촛불을 밝히고 앉아 책과 서류를 보았다." 이순신은 싸움만 잘하는 무사가 아니었다. 매일 습관적으로 일어나 독서를 하고 무술을 연마하는 문무를 겸비한 뛰어난 장수였다.

이순신은 임진왜란 때 매일 놓지 않는 독서를 통해 세 가지 모습을 보여줬다. '전술에 능한 지혜', '전쟁에서 물러서지 않는 용맹', '부하들을 따뜻하게 보살피는 덕망' 이 세 가지 중 어느 하나라도 빠졌다면 조선의 운명을 바꿀 위대한 승리는 없었을 것이다. 진정한 독서가는 경청하고 의논하고 상대방을 책으로 보고 끊임없이 배운다. 이순신이 그랬다. 한산도에 머물 때 집무실 겸 서재였던 '운주당'을 세워 사람들과 소통하고 독서하고 기록했다. 이곳에서 계급에 상관없이 소통하고, 전략을 짜고, 그것들을 꼼꼼히 기록해 『난중일기』를 써나갔다. 운주당 서재의 주인이던 이순신은 『난중일기』에 이렇게 적었다. "모든 일을 같이 의논하고 계획을 세웠다."

그저 평범한 인물이었던 이순신이 비범한 인물로 바뀐 것은 전부 그의 독서력에서 출발했다. 몸을 가다듬으며 쉴 때도 책으로 지혜를 구축했고 전쟁터에서도 책을 읽고 전술을 터득했다. 독서는 그를 위대한 성웅, 리더십의 귀재, 뛰어난 전술가, 용감한 무사로 만들었다. 이순신의 멘토이자 끝까지 믿고 지원했던 유성룡은 『징비록』에 이순신에 대해 이렇게 적었다. "순신의 사람됨은 말과 웃음이 적고, 얼굴은 단아하며 근엄하게 생겨서 마치 수양하는 선비와 같으나 속에는 담력과 기개가 있다." 이순신은 독서로 '지정의' 곧 지성·감정·의지까지 다스렸다. 독서가 이순신의 운명을 바꾸고 그 당시 조선의 운명까지 바꾸어 버렸다.

8월 26일은 내 생일이다. 이날은 또 내가 존경하는 미국 최초의 심리학 교수인 윌리엄 제임스가 세상을 떠난 날이다. 매년 8월 26일이 되면 나는 윌리엄 제임스가 말한 최고의 명언을 노트에 여러 번 적는다. "생각이 바뀌면 행동이 바뀌고, 행동이 바뀌면 습관이 바뀌고, 습관이 바뀌면 인격이 바뀌고, 인격이 바뀌면 운명이 바뀐다." 그렇다. 한 인간의 운명은 생각의 바뀜으로 시작된다. 생각을 바꾸기 어렵다면 독서를 시작하라. 독서를 하면 바꾸지 말라고 해도 생각이 바뀐다. 곧 운명까지 바뀐다. 에디슨이 오늘 내게 영감을 줬다. "운명은 1%의 생각과 99%의 독서로 바뀐다." 책은 기회(chance)를 준다. 책은 선택(choice)하게 한다. 책은 도전(challenge)하게 한다. 책은 운명을 변화(change)시켜 준다. 기억하라. 책! 찬! 초! 첼! 체!

"어릴 적 나에겐 정말 많은 꿈이 있었고,
그 꿈의 대부분은 책을 읽을 기회가 많았기에
가능했다고 생각한다."

– 빌 게이츠

PART 2

어떻게
읽을까
I

속독과 이해력은 비례할 수 없다. 빨리 읽으면 읽을수록 이해가 떨어지고 느리게 읽을수록 이해력은 높아진다. 우리가 시험을 앞두고 문제를 풀 때 어떻게 하는가? 밤을 새워가면서 몇 번을 밑줄 치고 노트에 필기하고 보고 또 보고 외우고 또 외운다. 이렇게 노력해도 외울까 말까 한다. 우리는 망각의 동물이라 어쩔 수 없다. 반복적으로 읽는 수밖에 없다. 읽는 것보다 더 중요한 것은 이해하고 사색하는 것이다. 속독은 그 읽는 것조차도 제대로 못 하게 한다. 제대로 읽어야 제대로 이해한다.

속독의 위험성,

빨리 읽으면
아무것도 남지 않는다

음식을 먹으면 음식이 소화되고 영양분이 흡수되는 데 시간이
필요하다. 사람과 좋은 관계를 맺기 위해서는 사람을 알아갈 시
간이 필요하다. 종교 생활을 기쁘고 깊게 하려면 경전과 기도시
간에 집중할 시간이 필요하다. 한 분야의 전문가가 되려면 어느
정도 연마된 시간이 필요하다. 과일나무도 좋은 열매를 맺기 위
해선 시간과 정성 어린 관리가 필요하다. 책을 읽는 것도 마찬가
지다. 어느 분야의 책을 읽든 그 책을 통해 깨달음과 통찰력을 얻
으려면 시간과 집중력이 필요하다. 예나 지금이나 유행하는 속
독법은 책을 읽는 것이 아닌 수박 겉 핥기로 훑어보는 의미. 속
안의 달콤하고 시원한 맛을 못 느낀다. 책 안의 무수한 지식, 지
혜, 통찰력들은 절대 속독으로 맛볼 수 없다.

'임금님 귀는 당나귀 귀'라고 얼마나 말하고 싶었을까? 나도 밝히고 싶지 않았지만 여기서 사실대로 말해야겠다. 1년 동안 속독학원에서 훈련받았을 때 사람들은 이렇게 물어봤다. "진짜 책이 다 보여?" "모든 내용이 이해가 돼?" "몇 페이지에 뭐가 나오는지 알아?" 그때마다 나는 "그럼 다 보이지. 모든 내용을 다 깨닫게 돼"라고 말도 안 되는 거짓말을 했다. 그나마 그 거짓말로 인해 책에 더 가까이 가게 된 사람들을 생각하며 용서를 빈다. 속독은 절대로 책을 깊고 정확하게 읽을 수 없다. 얼렁뚱땅 비스무리하게 읽는 것 아니 훑는 것이 속독이다. 속독에는 생명이 없다. 그저 위험하다. 책 속의 무수한 열매들은 정독을 통해 얻는다.

속독에 1% 장점이 있다. 모든 문자에 대한 두려움이 사라진다는 것이다. 내가 속독학원에 가게 된 것은 세상의 모든 글이 무서웠기 때문이다. 늦은 나이에 대학교에 들어가고 보니 눈앞에 봐야 할 것은 온통 글뿐이었다. 어휘력도 문해력도 없었던 당시 내가 할 수 있었던 것은 책 읽기에 속도를 내는 것이었다. 학교를 쉬고 등록한 속독학원은 내게 딱 하나의 힘을 주었다. 어휘력도 문해력도 아닌, 글 읽기의 담대함이다. 이해는 가지 않았지만 책을 처음부터 끝까지 넘길 수 있는 힘이 생긴 것이다. 첫 장부터 마지막 페이지까지 책장을 넘겼다는 것은 내게 큰 힘이었다. 이해는 가지 않았지만 하루에도 100권 이상 책장을 넘기면서 큰 용기가 붙었다.

　그럼에도 속독은 아주 위험하다. 책을 대하는 자세는 달라졌지만 도무지 내용을 파악하기 힘들어 이도 저도 아닌 상태가 된다. 책은 많이 읽은 것 같은데 남는 것은 없고 뭔가 아는 것 같은데 말로는 설명할 수가 없다. 물론 책을 제대로 많이 읽다 보면 겹치는 글과 아는 내용들이 많아져 저절로 속독이 된다. 하지만 대부분은 책을 안 읽고 제대로 못 읽기에 속독법은 정말로 위험하다. 속독은 뜬구름 잡는 것과 같다. 아는 것 같고 유식한 것 같지만 정작 알지 못하고 무식하다. 글은 보지 말고 읽어야 한다. 읽어서 생각 속에 집어넣고 사색해야 한다. 문장의 의미를 파악해야 한다. 사색하고 파악하는 글들이 움직이려면 정독으로 책을 읽어야 한다.

　10년 전부터 책을 속독이 아닌 정독으로 읽기 시작하면서 삶의 자세들이 달라졌다. 남들 앞에서 책을 쌓아놓고 보여주기식 독서가 아닌 영혼을 살찌우는 독서를 시작했다. 해결해야 될 문제들을 책을 찾아서 해결했고, 궁금한 분야를 책을 통해 공부하게 되었다. 상대방과 대화할 때 전에는 알아듣는 척했다면 지금은 말 한마디에 집중하면서 대화한다. 누군가 인생의 고민들을 털어놓을 때 정독으로 읽고 사색한 문장들을 하나씩 꺼내준다.

읽어도 변화가 없는 것은 대충 훑어보는 습관 때문이다. 생각이 변해야 사람이 변한다. 사색할 때 생각의 변화가 찾아온다. 책은 사색하기 위해 읽는다. 속독은 사색할 틈을 주지 않는다. 때문에 속독은 악독이다.

책에서 의미 있게 다가온 문장을 이해하고 사색할 때 우리의 생각은 변한다. 절대로 빨리 읽어서는 이해는커녕 오해하기 쉽다. 미국 UC샌디에이고 대학교 인지심리학 교수 엘리자베스 쇼터는 속독법과 이해력에 대해 연구했다. 쇼터 교수는 속독과 이해력은 잘 어울리지 않는다는 부정적인 입장을 내보이며 이렇게 말한다. "같은 내용을 속독법으로 분당 1000~2000단어로 읽은 사람과 일반적 읽기 속도인 분당 200~400단어로 읽은 사람의 이해력은 같을 수 없다. 읽는 속도와 이해력은 반비례한다."

책의 어떤 부분에 감동을 받거나 깨달음이 오면 자연스레 읽는 속도는 느려진다. 그 문장을 잡고 있기 때문이다. 얼마 전 읽은 하타케야마 소의 『대논쟁 철학배틀』에서 몇 문장을 뚫어지게 쳐다보고 외웠다. "신학을 열심히 공부했소. 그런데 공부를 하면 할수록 그것이 '병적'이라는 걸 깨달았어요. 인간은 더욱 강해져야 합니다. 아니, 강해지지 않으면 안 됩니다. 인간은 신조차도 뛰어넘어야 해요. 신을 살해해도 됩니다! 신이라는 족쇄를 차고 있는 이상, 인간은 영원히 강해질 수 없어요." 속독을 신봉할 때는 이런 문장을 그냥 훑고 지나갔지만 지금은 느리게 읽고 또 읽는다. 내 뼛속까지 문장이 박히고 나서야 다음 장으로 넘어간다.

쇼터 교수의 말처럼 속독과 이해력은 비례할 수 없다. 빨리 읽으면 읽을수록 이해가 떨어지고 느리게 읽을수록 이해력은 높아진다. 우리가 시험을 앞두고 문제를 풀 때 어떻게 하는가? 밤을 새워가면서 몇 번을 밑줄 치고 노트에 필기하고 보고 또 보고 외우고 또 외운다. 이렇게 노력해도 외울까 말까 한다. 우리는 망각의 동물이라 어쩔 수 없다. 반복적으로 읽는 수밖에 없다. 읽는 것보다 더 중요한 것은 이해하고 사색하는 것이다. 속독은 그 읽는 것조차도 제대로 못 하게 한다. 제대로 읽어야 제대로 이해한다.

책에는 한 인간의 인생과 고뇌가 들어 있다. 엄청난 연구와 노하우들이 그 안에 가득 녹아 있다. 그러한 책을 어떻게 단 몇 분 만에 그것도 딱 한 번만 읽고 판단하는가? 다 안다고 확정하는가? 당신이 신인가? 전지전능한 신조차 인간을 통해 여러 경전을 만들었다. 좋은 책일수록 속도가 느려진다. 나는 어떤 책이든 전부 좋다고 생각한다. 그 안에 많은 메시지가 담겨 있기 때문이다. 동화든 만화든 잡지든 소설이든 신문이든 절대로 빨리 넘기지 않는다. 오래전 속독이 거짓됨을 뼈저리게 느꼈기에 더욱 천천히 읽는다. 속독으로는 메시지를 발견할 수 없다. 뭣 하러 책을 사고 뭣 하러 책을 빌리고 뭣 하러 책을 보는가?

『공부머리 독서법』으로 잘 알려진 최승필 독서교육 전문가는 현장에서 많은 아이들을 상대했다. 독서를 최고의 교육법으로 여기고 수많은 아이들을 만나면서 점검하고 테스트하고 분석해 봤다. 그 결과 독서가 읽기 능력을 높이고, 읽기 능력이 올라가면 공부를 잘한다는 것을 발견했다. 그가 유심히 본 것은 아이들의 독서 습관이다. 독서 습관이 나쁜 아이들은 그 습관의 99%가 '속독'이라고 말한다. 어떤 아이는 1주일에 1권씩 1년이면 52권을 읽으며 높은 언어 능력을 갖게 되었다. 반면 어떤 아이는 52권 이상의 책을 읽는데도 별 소용이 없었다. 차이는 불 보듯 뻔했다. 책을 정독으로 읽었느냐 속독으로 훑었느냐의 차이다.

그는 이렇게 말한다. "책 한 페이지를 몇 초 만에 읽을 수 있는 능력은 놀랍긴 하지만 독서의 효과 측면에서 보면 질이 낮은 독서입니다. 책은 생각의 도구입니다. 책 속에는 작가의 정교한 생각이 담겨 있습니다. 독자는 책 속에 담긴 그 생각을 따라가며 이해하고, 자신의 생각을 대입해 봅니다. 그 과정이 깊으면 깊을수록, 생각과 감정의 덩어리가 크면 클수록 독자는 큰 성장을 이루게 됩니다. 한 페이지를 몇 초 만에 읽어버리면 이런 지적, 정서

적 반응을 할 수가 없습니다. 무언가를 사유하고 깨달을 수 없고, 이야기 속 인물의 감정에 공감할 수도 없습니다. 정보는 광속으로 처리할 수 있지만 공감과 사유, 통찰은 광속으로 처리할 수 없습니다."

독서 전문가가 바라보는 속독은 해악 그 자체다. 속독으로는 사유와 깨달음도 없고 지적, 정서적으로 아무런 반응도 할 수 없다는 것이다. 남들과 비교할 수 없는 독서량을 가지고 있지만 문해력, 어휘력이 딸리는 것도 속독이 한몫한다. 속독은 양치기 소년이 거짓말로 '늑대가 나타났다!'라며 거짓말을 하는 것과 비슷하다. 매번 늑대가 나타났다는 거짓말로 소년은 소란을 일으킨다. 속독도 읽는 척하는 거짓말로 주위 사람들에게 관심과 소란을 일으킨다. "책 정말 대단해." "나 오늘 10권 읽었는데, 지식이 풍부하게 오는걸." 결국 책을 읽었는데 변화 없는 모습을 본 사람들은 거짓말인 것을 알아챈다. 진짜 늑대가 나타날 수 있다. 조심하라!

성철 스님은 '자기를 속이지 말라'고 하셨다. 아무리 많은 책을 훑어봐도 깨닫고 변하는 것은 없다. 어떤 발전도 없이 그저 세월만 흐를 뿐이다. 나를 속이고 나를 사망으로 몰아간다. 왜 그런 인생을 살아가는가? 체암 스님은 '공부하다 죽어라. 공부하다 죽는 것이 사는 길이다'고 말씀하셨다. 우린 평생 공부해야 한다. 그래야 발전한다. 세월을 역행한다. 읽기 능력을 높일 때 어떤 공부든 저절로 된다. 그 읽기 능력은 거짓된 속독이 아닌 정독을 통해 높여나간다. 제대로 읽기만 한다면 자기를 속이지 않고 죽어라 공부하다가 나를 살릴 수 있다. 나를 시대에 쓰임받는 사람으로 만든다. 많은 책을 빨리 읽기보단, 한 권을 제대로 읽는 것이 좋다.

속독은 자신을 속이고 남도 속이는 아주 해악에 가까운 행위다. 읽지도 않았으면서 알지도 못하면서 읽은 척 아는 척 하지 마라. 언젠가 양치기 소년처럼 진짜 늑대가 나타나서 나도 모르게 시험당할 때가 올지도 모른다. 빨리 읽으려 하기보다는 제대로 시간을 갖고 읽어라. 느려도 상관없다. 어차피 세상의 모든 책을 다 읽을 수는 없다. 지금 내 앞에 다가온 책들만이라도 예의를 갖추고 모든 문장을 이해하려고 노력하라. 의미 있게 다가온 문장들을 내 뼈와 살이 되도록 곱씹고 대뇌어라. 페이지마다 멈춘 그곳에서 나를 살리고 높여줄 기적이 시작된다. 다음 책을 고르는 순간보다, 책을 읽고 있는 지금 이 순간이 소중하다.

"독서도 다른 취미와 마찬가지여서, 애정을 기울여 몰두할수록
점점 더 깊어지고 오래간다. 책은 친구나 연인을 대할 때처럼 각각의
고유성을 존중해 줘야 하며, 그의 본성에 맞지 않는 다른 어떤 것도
요구하지 말아야 한다. 마치 사랑하는 사람을 만나는 것처럼."

– 헤르만 헤세

'표저프에목발',

책을 고르는 데도
규칙이 있다

그냥 겉 핥기식으로 훑어보는 속독법은 나쁜 습관이고 아무것도 남는 것이 없다고 했다. 그런데 진짜 속독법이 있다. 이 속독법은 좋은 습관을 만들어 준다. 평생 소장할 책과 정독할 책을 찾아준다. 서점이나 도서관에서 짧은 시간을 이용해 꼭 필요하고 마음에 드는 책을 신속하게 고르게 해준다. 정확하고 빠르게 한 권을 파악하게 해준다. 이 속독법의 이름은 '표저프에목발'이다. 표지, 저자, 프롤로그, 에필로그, 목차, 발췌독 순으로 읽는 방법이다. 모든 책을 정독으로 다 읽을 수는 없다. 짧은 시간에 나에게 맞는 책을 찾아야 한다. 어떤 책이 좋은 책인지 빨리 파악해야 한다. 이 목발을 이용하면 책에 무지한 앉은뱅이도 벌떡 일어난다.

'표저프에목발!'

누구나 도서관에 심취해 본 적이 있다면 이런 생각을 한번쯤 해봤을 것이다. '여기에 있는 모든 책을 읽어볼까?' 나도 그랬다. 1년을 도서관에 출근하다시피 했을 때 모든 책을 읽고 싶은 욕망이 생겼다. 무슨 마법에 걸렸는지 현실화시키려고 갖은 애를 썼다. 새벽에 일어나 빌려온 책들을 하루 한 권씩 읽었고 아침이 되면 도서관에 먼저 자리를 잡았다. 도서관 책장 맨 앞 왼쪽부터 차례로 책을 뽑아 읽기 시작하고 책 제목을 노트에 차례로 기록했다. 주위 사람들에게 도서관에 있는 책 전부를 읽을 것이라는 포부를 밝혔고 사람들도 응원해 줬다. 물론 한 달도 되지 않아 현실 불가능하다는 것을 깨닫고 그만뒀지만 말이다.

　세계적인 역사학자이자 베스트셀러 『사피엔스』의 저자인 유발 하라리는 이런 말을 했다. "정보 과잉의 세상이다. 세상에는 책이 너무 많고, 시간은 너무 부족하다. 현실적으로 다 읽을 수도 없고, 다 읽을 필요도 없다. 첫 10쪽을 읽고 더 읽어야 할지 말지를 결정하라." 그렇다. 우리는 세상 모든 책을 전부 읽을 수 없고 그럴 시간도 없다. 또 재미가 없거나 도저히 끌리지 않고 수준이 맞지 않아 읽지 못하는 책들이 수두룩하다. 그렇다고 책을 놓을 수는 없다. 모든 공부의 시초는 책이다. 죽을 때까지 책을 읽어야 한다. 당장 내 앞에 닥쳐온 과제들, 관심 가는 분야들, 도전하고 싶은 것들에는 반드시 책이 있다. 책을 읽어야 제대로 해결된다.

남들과 다르게 생각하기 위해서는 책을 읽어야 한다. 하지만 우리는 모든 책을 읽을 수 없다. 또 수준에 맞지 않고 끌리지 않는 책을 억지로 읽기 싫다면 분별해야 하는 능력도 필요하다. 평생 소장해서 글자 하나하나 음미하며 읽고 싶은 책들도 찾아야 한다. 도서관에서 맥없이 주저앉아 이런저런 고민을 하며 일어나지 못할 때 목발 하나가 주어졌다. '표저프에목발.' 이 목발은 짧은 시간 내에 많은 책들을 분별하게 해주었다. 지금 읽어야 할 책과 나중에 읽어야 할 책을 단숨에 골라줬다. 읽지도 않으면서 빠르게 읽는 척하는 거짓 속독을 버리게 해주었다. 운명처럼 다가온 '표저프에목발'은 책으로부터 자유를 만끽하게 해주었다.

'표저프에목발'의 핵심은 서두에 말했지만 표지, 저자, 프롤로그, 에필로그, 목차, 발췌 순으로 읽는 것이다. 사람마다 책 읽는 속도가 천차만별이다. 어떤 이는 한 달, 어떤 이는 일주일, 하루, 10시간, 5시간, 2~3시간 등 모두 다르다. 누구는 빨리 읽고 누구는 늦게 읽는다고 따질 필요가 없다. 그렇게 읽어야 더 잘 깨닫고 책에 가까워진다면 자기 방식대로 읽어야 한다. 더 중요한 것은 읽어서 남는 게 있어야 한다는 것이다. 읽기로만 끝내지 않고 삶에 적용해야 한다. 시간이 얼마나 걸리든 어떤 방식으로 읽든 아무 상관 없다. 다만 어떤 책이든 이 책이 어떤 책인가? 내가 읽어도 될 만한 책인가? 이것을 확인해야 한다. 이제 '표저프에목발'

이 시급하다.

첫 번째 '표'지다. 표지는 책의 얼굴이다. 독자들에게 첫인상으로 다가오는 것이 표지이다. 표지 디자이너가 그 책 내용에 맞게끔 고심 끝에 연구하여 콘셉트를 잡는다. 한마디로 책에 무수한 내용들을 표지의 그림과 제목으로 나타낸 것이다. 물론 내용과 맞지 않을 때가 간혹 있지만 대부분은 내용과 표지가 일치한다. 표지를 보고 책의 콘셉트가 나와 맞는지 확인해 본다. 제목의 의미를 생각해 보고 모르겠다 싶으면 밑에 적혀 있는 부제목을 확인하면 된다. 부제목은 책 내용의 가장 핵심적인 것을 추출한 것이다. 앞표지에서 아직 느낌이 덜 왔다면 뒤표지를 확인해 보자. 책의 간략한 소개, 중요 문장, 추천사가 있기에 책을 열지 말지를 결정할 수 있다.

두 번째로 '저'자 소개다. 나는 책을 쓴 모든 사람을 존경한다. 저자의 학력과 이력은 내 관심 분야가 아니다. 다만 그 저자의 색깔과 살아온 삶의 향기를 맡기 위해 반드시 표지 다음으로 저자를 확인한다. 저자가 청소부를 하다가 책을 쓸 수 있고, 정치를 하다가 책을 쓸 수 있다. 어떤 저자든 모두 존경한다. 이미 우린 모두가 하나의 살아 있는 책이기 때문이다. 저자 소개를 보면 독자들에게 어떤 내용을 줄지 미리 파악할 수 있다. 내 첫 번째 책

『뭘 해도 잘되는 사람의 말투』의 저자 소개를 보고 많은 독자들이 연락해 왔다. 이력이 특이해서 책 내용에 관심을 갖고 읽었다는 것이다. 저자에 대한 관심이 책 내용으로 이어지는 경우가 많다.

세 번째로 '프'롤로그다. 머리말 또는 들어가는 글을 말한다. 프롤로그는 저자의 집필동기를 확인할 수 있다. 책을 어떤 이유로 왜 쓰게 되었는지 상세히 말해준다. 어떤 독자들이 읽으면 좋을지, 읽고 난 후 어떻게 변할지도 알려준다. '내가 이런저런 이유 때문에 이 책을 집필했으니 한번 읽어봐'라고 독자에게 처음 말을 걸기 시작한다. 이것이 프롤로그다. 표지와 제목에서 확신을 못 가진 독자들은 프롤로그에서 마음이 동요된다. 프롤로그는 모든 목차를 아우르고 있기에 잘 읽어보면 책의 핵심 메시지를 알 수 있다. 즉 책 한 권을 독파하는 힘이 생긴다. 나는 한때 책을 읽기조차 싫었는데 프롤로그만 읽고도 얻은 힘은 아직도 기억에 생생하다.

네 번째로 '에'필로그다. 맺음말 또는 나오는 글을 말한다. 에필로그에는 저자가 집필하면서 느꼈던 감정들이 녹아 있다. 저자가 바라는 것들과 자신의 반성과 본문의 핵심 내용들이 다시 정리되어 있다. 에필로그는 마지막에 읽는다고 생각하지만 책의 상태를 가늠하고 고르기 위해 먼저 읽어야 한다. 에필로그가 없는 책도 많지만 있다면 반드시 프롤로그 다음에 에필로그를 읽어라. 에필로그를 읽으면 저자가 본문에 다 담지 못한 내용과 책의 효과들을 미리 알아챌 수 있다. 책을 덮고 오는 긴 여운까지 미리 맛볼 수 있다. 프롤로그와 에필로그는 한 권의 책을 처음부터 끝까지 재빠르고 완벽하게 읽은 느낌을 준다.

다섯 번째로 '목'차다. 목차는 책의 뼈대다. 뼈대 위에 살이 붙기 때문에 뼈대를 잘 보면 전체 윤곽이 보인다. 졸업한 초등학교를 다시 가보면 예전에는 커 보였던 운동장이 그렇게 작아 보일 수 없다. 목차가 그렇다. 아무것도 모르는 어릴 적의 모습이 아닌 다 큰 성인의 자격으로 책 읽기를 시작하게 해준다. 아무리 두껍고 난해한 책이라도 목차를 먼저 읽어보면 책에 다가서기가 한결 수월하다. 그냥 처음부터 본문으로 들어가면 읽기가 힘들고 미로 속에서 헤맨다. 목차는 주제별로 책 내용을 압축해 놓은 것이다. 목차만 몇 번 읽어도 책 한 권 읽은 효과가 있다. 목차를 보면 내가 찾는 꼭 필요한 부분을 하루에 몇 권이든 찾아낼 수 있다.

마지막으로 '발'췌다. 발췌는 지금 나에게 가장 필요하거나 관심 있는 부분을 목차에서 찾아 읽는 것이다. 오래전 사람들을 마사지로 치료할 때 경청과 칭찬을 해주면 치료 효과가 극대화됐다. 그 이후로 소통에 관한 책 50권에서 경청과 칭찬만 발췌해서 읽고 엄청난 성장을 이뤘다. 발췌는 내가 원하는 지식과 지혜를 바로바로 찾을 수 있기에 금방 전문가 수준으로 도달한다. 아무리 철옹성 같은 책이라도 기꺼이 다가갈 수 있는 것은 원하는 것만 얻는 발췌가 있어서다. 학교에서 받은 과제나 회사에서 주어진 업무보고를 할 때 발췌독은 큰 힘을 발휘한다. 책이 만만해지려면 발췌를 통해서 책 읽기에 접근해야 한다.

파레토의 법칙이 있다. 어느 곳이든 80%의 결과물은 20%에 의하여 확정 지어진다는 이론이다. '표저프에목발'은 책의 20%를 찾아 80%를 가늠하는 것이다. 책을 처음부터 다 읽지 않아도 20% 정도만 읽다 보면 나머지 80%는 저절로 깨달아진다. 또 프랙털 법칙이 있다. 어느 일정 부분이 전체 부분과 닮아 있어 그 모습이 끝없이 연결되는 이론이다. 겨울에 내리는 눈의 결정체가 전부 육각형이고, 나뭇잎을 관찰하면 전부 나무줄기와 같은 모양이다. '사람은 변하지 않는다.' '조금 이상하면 많이 이상하다.' '피는 못 속인다.' 같은 말이 이와 같다. '표저프에목발'은 어느 부분만 보는 것 같지만 사실 전체를 읽고 있는 것이다.

책을 처음부터 끝까지 훑어보는 속독은 아무런 유익이 없다. 나쁜 습관일 뿐이다. 책은 나를 위해 존재한다. 나를 유익하게 만들기 위해 책을 읽어야 한다. 그러나 여전히 책 읽기는 어렵고 부담이 된다. 그래도 희망이 있다. '표저프에목발'은 그 어려운 책 읽기를 쉽게 만들어 버린다. 원하는 정보만 취할 수 있고, 제대로 된 속독을 통해 진짜 정독할 책을 쉽게 찾을 수 있다. 나에게 맞는 책이 어디 있는지 헤맬 필요가 없다. 지금 즉시 '표저프에목발'로 다 찾아볼 수 있다. 한국에서 프랑스로 가는 비행기에 우연히 탑승한 파리는 아주 쉽게 프랑스에 도착한다. '표저프에목발'은 프랑스로 가는 비행기에서도 수십 권의 책을 빠르게 정복할 수 있다.

"책은 맛보아야 할 책과 삼켜야 할 책이 있다.
또, 약간이긴 하지만 잘 씹어서 소화해야 할 책도 있다."

– 프랜시스 베이컨

'뇌행'독서법,

책 한 권을 제대로
읽어보아야 한다

진짜 속독법 '표저프에목발'의 최종 목적은 정독에 있다. 수많은 책을 읽기 위해서 조금씩 이 책 저 책 핵심만 읽고 덮어도 나쁘지 않다. 책에 더 담대히 다가가 짧은 시간 안에 보석 같은 내용을 가져오니 얼마나 좋은가? 하지만 그 속독을 넘어 매일 정독으로 읽을 책들을 집으로 모셔오는 것이 더 짜릿하지 않을까? 속독이 필요하고 좋지만 항상 곁에서 맴돌 뿐이다. 진짜 독서는 정독을 지칭한다. 수만 권을 읽지 않아도 한 분야의 책을 정독으로 깊게 읽으면 나머지 책들은 저절로 알 수 있다. 속독도 진짜 속독법이 있듯 정독도 진짜 정독법이 있다. 일명 '뇌행'독서법이라고 부르겠다. 간단하다. 뇌로 읽고 행동으로 나타내는 것이다.

정독으로 첫 페이지부터 마지막 페이지까지 읽는 것은 흩어져 있는 뼈대들을 연결하는 것이다. 살을 붙이고 근육을 키우는 것이다. 더 나아가 책에 밑줄을 치고 여백에 메모를 하고 사람들에게 감동받은 내용을 말해본다. 이것은 샤워를 하고 로션을 바르고 화장을 하고 자신을 가꿔주는 행위이다. 어떤 책을 정독으로 읽고 자신을 가꿔본 적이 있는가? 생각의 뼈대를 이어보고 살을 붙여본 적이 있는가? 정독에는 세 가지 뜻이 있다. 글의 뜻을 바르게 풀어 읽는 정독(正讀), 글을 새겨가며 자세히 살펴 읽는 정독(精讀), 마음을 쏟아 읽는 정독(情讀)이다. 이렇게 정성을 쏟아 정독을 할 때 강한 뼈와 단단한 근육, 멋지고 생기 있는 얼굴로 바뀌게 된다.

책 한 권을 제대로 읽어보아야 한다. 처음부터 끝까지 그냥 읽었다고 제대로 읽은 것이 아니다. 10여 년 전 침례교회에서 설교할 때였다. 성경을 정독으로 5번 읽고 매주 두세 편의 설교를 했었다. 어찌 된 건지 시간이 갈수록 설교는 죽을 쓰게 되었고 읽었던 성경은 기억이 가물가물했다. 평생 동안 성경을 한 번 읽기도 힘들다고 하는데 나는 무려 5번이나 읽었다. 그럼에도 읽었던 성경의 말씀들은 전혀 기억이 나질 않았다. 5번을 읽었으면 상황 설명과 내용들이 술술 나와야 하는데 그러지 못해 자괴감에 빠졌다. 나는 그때부터 읽는 방식을 완전히 바꿨다.

처음부터 성경을 정독으로 읽지만 그냥 눈으로 읽지 않고 손과 함께 읽기 시작했다. 좋은 문장들은 연필로 밑줄을 긋고 강하게 깨달은 곳은 형광펜으로 밑줄을 쳤다. 밑줄 그은 곳에 핵심 키워드가 나오면 볼펜으로 여러 번 동그라미를 쳤다. 밑줄, 동그라미로 잡아놓았는데도 자꾸 책 밖으로 뛰쳐나오는 문장들이 있다. 이 문장들은 내 심장을 계속 두드리기에 밖으로 빼내어 필사를 시작한다. 필사는 대부분 성경책 여백에 하는데 심장뿐 아니라 영혼을 울리는 문장은 노트에 따로 필사했다.

여기서 멈추지 않았다. 성경을 읽으며 사색할 때 깨달은 것은 반드시 글 밑에다 깨알같이 적었다. 깨달은 것과 함께 내 삶에 적용할 점들도 여백 곳곳에 적어놓았다. 비평은 안 했다. 사람마다 생각이 다르고 관점이 다르기 때문이다. 어떤 책이건 배울 점이 있다고 생각한다. 아무리 못난 책이라도 하나의 메시지는 반드시 있기 때문이다. 누가 누굴 비교하고 평가하는가? 지금도 책을 읽을 때는 그 책을 숭배하지 비평하지 않는다. 어떤 이는 책을 숭배하지 말라고 하는데 나는 생각이 다르다. 책을 숭배하며 읽을 때 남들이 깨닫지 못하는 것을 깨닫게 해주고 더 큰 메시지를 안겨준다. 이것이 숭배의 힘이다. 숭배는 우러러 공경한다는 뜻이다.

성경 읽기의 열정과 기술은 여기서 더 발전했다. 밑줄, 동그라미, 필사한 것과 깨닫고 적용한 것들을 SNS, 메일, 손 편지로 쓰기 시작했다. 이런 귀한 문장들을 나 혼자만 알고 싶지 않았다. 내심 자랑할 마음도 있었지만 어쨌든 무척이나 알리고 싶었다. 대부분 교회 출석하는 분들이라 어떤 문장을 써서 보내도 기쁨으로 호응해 주었다. 그 호응은 만남의 수다로 이어졌다. 내가 먼저 밑줄 치고 깨달은 글인데 상대방은 미리 그 글을 공부하고 나와 대화에 불씨를 지폈다. 글의 땔감이 많아지니 대화의 불은 지속적이고 강하게 타올랐다. 이 정독법으로 읽고 난 후 성경책은 버려야 될 만큼 너덜너덜해지고 내 설교에는 강한 불이 임했다.

이 모든 것이 '뇌행'독서법이다. 뇌행독서법은 책을 온전히 내 것으로 만드는 기술이다. 책을 읽어도 뭔지 모르겠고 기억이 나질 않는다면 반드시 '뇌행'독서법을 써야 한다. 예전에 주문진으로 가는 배에서 어떤 분이 내게 이런 말씀을 하셨다. "나는 책 읽을 때 아주 깨끗하게 딱 한 번 읽고 중고서적에 팔아. 한 1만 권쯤 되었을걸. 돈도 벌고 책의 모든 내용이 머릿속에 다 들어 있어." 책을 읽지 않는 그 당시에는 그 말이 진짜인 줄 알았다. 책을 읽으면서 다시 그 말을 회상해 보았다. 거짓말이다. 있을 수 없는 일이다. '깨끗이 읽으면 깨끗이 잊어버린다'는 말이 있다. 더럽게 읽어야 더럽게 안 잊어버린다.

대부분 책을 읽을 때 눈으로만 본다. 아니 훑는다고 하면 정확할 것이다. 마치 TV를 보듯 빨리 훑고 지나간다. 양심이 있는 사람들은 살짝 귀퉁이를 접기라도 하지만 아주 일부다. 요즘은 또 책을 사서 읽지 않고 온라인으로 보고 도서관에서 빌려서 본다. 그러니 온전히 내 책으로 만들지 못하고 관중석에서만 시청하는 모습이다. 평생 소장할 책과 내게 큰 영감을 주는 책은 반드시 구매해서 '뇌행'독서법으로 읽어야 한다. 경기장에 들어가 선수들과 함께 뛰는 것과 같다. 직접경험이 간접경험보다 더 잊기 힘들다. 훑어본 것은 읽은 것이 아니다. 훑어볼 때 뇌는 큰 미동이 없다가 글을 제대로 읽을 때 가동되기 시작한다.

'뇌행'독서법 첫 번째는 '뇌'로 읽기다. 뇌로 읽기는 눈으로 읽고 손으로도 읽는 것이다. 발은 제2의 심장이고 손은 제2의 '뇌'라고 한다. 손을 쓰면 우리의 뇌는 활발히 움직인다. 국내 뇌의학 연구 권위자인 서울대 서유헌 교수는 한 신문과의 인터뷰에서 이런 말을 했다. "뇌에서 가장 넓은 면적을 차지하는 것이 손을 관할하는 부위이다. … 뇌 핵심 부분인 운동 중추사령실 면적의 30%가 손에 해당한다." 뇌로 읽기에는 '메시지 찾기'와 '사색하기' 두 가지가 있다. '메시지 찾기'에는 밑줄, 동그라미, 필사가 있다. '사색하기'에는 깨달은 것, 적용할 것이 있다.

메시지 찾기

밑줄과 동그라미 | 밑줄은 나에게 의미 있게 다가온 문장을 표시하는 것이다. 동그라미는 밑줄 친 의미 있는 문장 중 중요한 단어 곧 핵심 키워드라는 것이다. 내가 정독을 시작했을 초창기에는 거의 모든 페이지에 밑줄과 동그라미가 가득했다. 몇 년이 지나고 밑줄과 동그라미 치는 횟수가 적어졌다. 그만큼 성장했다는 것이다. 밑줄과 동그라미는 무지한 나에게 의미를 주고 나를 성장시켜 준다. 밑줄과 동그라미를 치게 되면 기본 3번은 읽는다. 처음 읽다가 '와 좋다!' 하고 밑줄 치면서 2번 읽고, 문장에 대해 사색하며 3번 읽는다. 울림이 있는 곳에 밑줄을 긋고 핵심어에 동그라미를 쳐라. 독서에 집중력이 높아지고 생각이 깊어진다.

필사하기 | 필사는 글이 달아나지 못하게 손으로 복사해서 마음에 간직하는 행위다. 필사는 산만한 마음을 붙잡아 주고 책 속으로 빨려 들어가게 한다. 필사를 하면 나도 모르는 사이 어휘력이 높아져 말의 표현이 풍부해진다. 한글을 창제한 역사상 가장 훌륭한 왕 세종대왕은 백독백습의 독서를 실천했다. 백번 읽고 백번 필사하는 능력은 세계인들이 갖고 싶어 하는 가장 훌륭한 문자 한글을 창시하도록 했다. 나는 필사를 책 위아래 여백에 한다. 게을러서인지 노트에 하는 필사는 싫어한다. 도서관에 갈 때는 휴대용 타이핑기를 가져가 스마트폰에다 필사를 시작한다.

필사는 창조의 아버지다. 무엇을 창조하고 싶은가? 필사(必死)적
으로 필사(筆寫)해 보라.

사색하기

깨달은 것과 적용할 것 | 누구나 책을 읽다 보면 사색하다 떠오
르는 생각들이 있다. 문장을 통해 깨달음이 올 수도 있고 적용점
이 생길 수도 있다. 내가 가진 생각과 작가의 생각이 합쳐질 때
새로운 문장이 떠오른다. 그 글이 역사와 시대를 비추는 빛이 될
수도 있기에 반드시 메모를 통해 기록해야 한다. 기억보다는 기
록을 해야 한다. 기억은 잊어먹지만 기록은 저절로 기억하게 해
준다. 작가가 책을 출간하는 순간 독자들에게 권리가 넘어간다.
독자는 메모를 통해 자기 책으로 만들어야 한다. 메모는 책의 확
실한 주인이 되는 것이고 내가 함께 책을 써가는 것이다. 나는 깨
달은 것과 적용할 것을 여백 오른쪽 왼쪽에 무작위로 써넣는다.

'뇌행'독서법 두 번째는 '행'동하기다. '뇌'로 읽기도 능동적인
독서다. 눈으로만 하는 것보다 손으로 밑줄 치고 메모하며 읽는
뇌독서가 더 뜨겁고 살아 있는 독서다. 여기서 한층 더 나아가 행
동하기 독서는 공격적인 독서다. '눈'독서는 수비, '뇌'독서는 골
대까지 패스, '행동'독서는 골대 그물망을 흔드는 슈팅이다. 공격

은 최고의 방어다. 골은 공격할 때 들어간다. 독서는 행동으로 이어질 때 열매를 맺는다. 시합은 골을 넣기 위해 하듯 독서는 내가 바뀌기 위해 한다. 독서는 행동하는 데까지가 독서다. 행동은 가르침이다. 배우는 사람보다 가르치는 사람이 더 많이 배우고 기억도 오래 한다. 행동하기에는 '쓰기'와 '말하기'가 있다.

쓰기

SNS, 메일, 손 편지 | 지금은 1인 기업 시대라 SNS는 누구나 필수적으로 갖고 있다. SNS에 개인의 일상을 올리고 음식, 장소, 패션을 사진으로 인증한다. 독서하는 사람에게는 좋은 것이 많다. 자신이 읽은 것을 올리기만 하면 '좋아요'로 공감해 주고 궁금한 것과 칭찬을 댓글로 달아준다. 공감도 얻고 글 실력도 좋아지고 내 소식을 기다리는 사람을 위해 더더욱 책 읽기에 열을 낸다. 자신을 특별한 존재로 각인시키고 싶다면 편지에 책 내용과 자신의 메시지를 적어 보내도 된다. 나도 지인들에게 읽은 내용을 간단하게 적어 보내곤 한다. 그 지인들과는 아직도 관계가 좋다. 쓰기는 특별한 힘이 있다. 목표를 이루고 관계를 형성하고 독서에 애착이 강해진다.

말하기

자신, 가족, 친구, 모임, 고객 | 상대와 대화할 때 가장 먼저 듣는 사람은 말하는 자신이다. 말하기 전 속에서 몇 번이고 말을 되풀이하면서 끊임없이 생각한다. 그것이 책 내용이라면 더 좋다. 내용을 한 번 더 각인시킬 수 있고 머릿속에는 거대한 도서관이 만들어지기 때문이다. 중요한 고객을 만나든 친구를 만나든 어떤 말을 꺼내느냐에 따라 내가 다르게 비친다. 이제는 먹고사는 얘기를 멈추고 책을 통해 의미심장한 말을 꺼내보자. 책에서 꺼내온 중요 문장을 하나씩 말할 때마다 내 삶은 점점 책과 닮아간다.

뇌독서
① 메시지 찾기 - 밑줄, 동그라미, 필사
② 사색하기 - 깨달은 점, 적용할 점

행동독서
① 쓰기 - SNS, 메일, 손 편지
② 말하기 - 자신, 가족, 친구, 모임, 고객

"사색하는 데 요령이 있는 것처럼 쓰는 데에도 요령이 있으며,
독서하는 데에도 요령이 있다."

- 디즈레일리

수준에 맞는 책,

내 수준에 맞는 책부터
읽어야 한다

앞서 영국 서식스 대학교의 데이비드 루이스 박사는 스트레스 해소법 1위가 '독서'라고 밝혔다. 음악 감상, 커피 마시기, 산책보다 책 읽기가 스트레스에 가장 좋은 해결책이다. 다행인지 불행인지 사람들은 스트레스를 풀기 위해 책을 들었다가 오히려 스트레스가 가중된다. 이유는 하나다. 책이 자신의 수준과 맞지 않기 때문이다. 수준에 맞는 책은 일단 흥미롭고 재미있다. 공감하는 내용들이 많아지면서 되돌려 읽고 싶고 틈틈이 읽고 싶어진다. 수준에 맞는 책을 찾으면 읽기의 혁명이 일어난다. 읽지 말라고 해도 책 읽는 시간이 그리 좋을 수 없다. 스트레스에 가장 좋은 해결책이 책이 되려면 수준에 맞는 책을 읽어야 한다.

나름 책 읽기에 자신감이 붙었을 때 성공한 한 신사에게 책을 추천받았다. 네빌 고다드의 『상상의 힘』이었다. 내게 이 책을 묻지도 따지지도 말고 딱 10번만 읽어보라고 말했다. 책도 얇아서 쉬울 것이라 생각하고 펼쳤다. 분명히 쉬운 단어들로 적혀 있었는데 자꾸 눈꺼풀이 무겁게 감겼다. 몇 번을 자세히 보려고 했지만 오히려 스트레스가 점점 커져만 갔다. 책을 덮고 "왜 이런 책을 소개해 줘서 스트레스받게 하지"라고 혼잣말로 속삭였다. 그때부터 신기하게도 이런 종류의 책들을 수도 없이 만났고 읽게 되었다. 몰랐던 부분에 대해 눈이 떠지고 관점이 확장되었다. 1년이 지나고 우연히 『상상의 힘』을 읽었는데 모든 글이 눈에 들어왔다.

  예전엔 책이 읽히지가 않아 바닥에 던지기도 하고 그냥 책장 구석에 처박아 놓기도 했다. 내 수준이 미약한 것도 모르고 책만 탓했다. 책이 읽히지 않는 것은 순전히 내 문제다. 물론 작가가 어렵게 쓴 책들도 있지만 그것조차도 내가 감당할 만큼 수준이 높으면 해결된다. 지금 당장 읽히지 않으면 화내지 말고 수준에 맞는 책으로 넘어가면 된다. 수준에서 벗어났다면 일단 제쳐두어라. 수준에 맞지도 않은데 책값이 아까워서 의무감으로 빨리빨리 훑어본다. 이것은 어떤 내용도 남지 않고 책으로부터 멀리 도망가는 행위다. 책이라면 치를 떨고 두 번 다시 쳐다보지도 않는다.

주변인들이 가끔 좋은 책을 추천해 달라고 말한다. 예전 같으면 정말 좋다 싶은 책을 소개해 줬지만 지금은 아니다. 내게 좋은 책이라고 상대에게도 좋은 책이 될 수 없다. 그것은 수준 차이에서 온다. 수준이 맞아야 좋은 책이 된다. 그래서 난 이렇게 말한다. "좋은 책은 스스로 찾을 때 찾을 수 있어. 여러 책을 찾다 보면 공감이 되는 책을 찾게 되는데 그 책이 좋은 책이야." 그래도 굳이 내가 읽은 책 중에서 추천해 달라고 하면 10권 이내에서 소개해 준다. 시간이 지나 몇 개월 후 전화가 와서 이렇게 말한다. "그때 추천해 주신 책 다 샀는데 한 권도 제대로 못 읽었어요. 도저히 읽히지가 않더라고요. 책은 저랑 안 어울려요." 이것이 수준차이다.

사람들이 오해하는 것 중 하나가 자기 수준보다 높은 책을 꼭 읽어야 한다는 것이다. 물론 책을 어느 정도 읽어온 사람이라면 당연히 수준을 높여 읽는 것이 좋다. 하지만 책을 싫어하는 사람일수록 시작 단계에서는 절대 어려운 수준의 책을 집어서는 안된다. 오래전 스마트폰으로 테니스 게임을 가끔씩 했었다. 레벨1에서 몇 개월 실력을 쌓아야만 레벨2에서 간신히 시합을 뛸 수 있다. 처음부터 레벨2로 가서 경기를 하면 절대 한 점도 못 낸다.

책도 마찬가지다. 재미있고 흥미로운 책부터 시작해 어휘와 문해력을 쌓고 그다음 수준의 책으로 올라간다. 무엇이든 수준을 높이려면 먼저 비슷한 부류에서 꾸준히 힘과 기술을 갈고닦아야 한다.

심리학 용어에 '유사성의 법칙'이 있다. 비슷한 것들끼리 모이고 친근감을 느낀다는 말이다. 사회에서 만난 동갑내기 친구, 비슷한 성격, 같은 동호회, 같은 직장 등 비슷하면 끌리게 되어 있다. 고사성어에도 유사성의 법칙이 있다. 같은 무리끼리 서로 만나고 사귀는 '유유상종', 같은 상황에 있는 사람들끼리 어울린다는 '초록동색', 먹물을 가까이하면 자신도 모르는 사이에 검게 된다는 '근묵자흑', 같은 병을 가진 사람끼리 서로 동정심을 갖고 불쌍히 여기는 '동병상련'이 있다. 만약 정반대의 것이 나타나면 경계하고 어색해진다. 심리학에서는 유사성의 법칙을 대개 소통의 도구로 쓰면 성공할 확률이 크다고 말한다.

이사를 와서 동네 사람들과 눈을 자주 마주치는 것, 회사에서 자주 있는 회식, 사우나에서 서로의 등을 밀어주기, 학교의 교복, 직장의 유니폼, 비슷한 말투, 함께 고생하기 등이 유사성의 법칙으로 소통의 시작을 불러온다. 유사성은 수준이 비슷하다는 것이다. 수준이 동등할 때 소통이 일어나고 재미가 있고 흥미가 있다. 수준을 맞추니 어느새 좋은 관계가 형성되어 있다. 수준이 너무 높거나 낮으면 반감을 일으킨다. 회식에 자주 불참하는 사람, 교복보다는 사복을 입는 학생, 서울 말투와 경상도 말투, 집에서 손 하나 까딱하지 않는 남편, 이사 와서 동네 사람들에게 피해를 주는 주민 등은 수준 차이로 소통과는 거리가 멀다.

수준이 비슷한 것은 편하다는 것을 의미한다. 조금이라도 불편한 것은 수준이 다르다는 것이고 편한 것은 어쨌든 수준을 맞췄다는 것이다. 유사해서 보기도 편하고 가까이하기도 편하다. '다윗과 골리앗'의 싸움은 누구나 익히 들어본 이야기다. 3미터나 되는 블레셋의 거장 골리앗이 신을 모독하고 있었다. 골리앗의 망언에 분개한 다윗은 골리앗과 싸우기 위해 갑옷과 투구를 착용하고 칼을 찼다. "다윗이 칼을 군복 위에 차고는 익숙지 못하므로 시험적으로 걸어보다가 사울에게 고하되 익숙지 못하니 이것을 입고 가지 못하겠나이다 하고 곧 벗고" 평상시 입던 편안한 옷으로 갈아입었다.

갑옷이 아닌 편안한 옷을 입고, 칼이 아닌 양떼를 지킬 때 쓰던 막대기와 돌맹이를 들었다. 다윗은 불편한 옷과 무기를 버리고 자기 수준에 맞는 편안한 옷과 무기로 골리앗을 상대했다. 결과는 다윗의 승리였다. 수준에 맞지 않는 불편한 갑옷을 입고 장검을 들었다면 제대로 싸우지 못하고 패배했을 것이다. 독서도 마찬가지다. 지금 나와 유사한 책, 수준이 같은 책을 골라서 읽어야 독서에 성공한다. 300페이지는 골리앗의 3미터 키와 비슷하지만 두려워할 필요 없다. 편하고 쉽게 읽을 수 있는 수준의 책으로 공략하면 골리앗 같은 책도 거뜬히 정복한다. 독서의 유사성의 법칙을 기억하라. 지금 내 상황과 유사하고 내 생각과 유사하고 내 언어와 유사한 책을 집어보자.

책은 자기 수준에 맞춰 읽을 때 성공한다. 독서와 소통할 수 있는 유일한 기술은 수준을 맞추는 것이다. 세계 최초로 샴쌍둥이 분리 수술에 성공한 '신의 손'이라 불리는 의사가 있다. 전 미국 주택도시개발 장관이자 존스홉킨스 병원 의사인 벤 카슨이다. 매우 가난한 집안 출신으로 독서에 관심이 없던 불량 학생이었던 그는 초등학교 때 전교 꼴지를 4번이나 하여 붙은 별명이 '돌대가리'였다. 벤 카슨의 어머니 쇼나 카슨은 여러 집을 돌아다니며 파출부 일을 하며 본 것이 있다. 사회적으로 인정받는 집은 매일 책을 읽었고, 그렇지 않은 집 안은 TV 소리로 시끄러웠다. 이 비밀을 알고 아들 벤 카슨에게 도서관에 가서 1주일에 2권씩 읽게 했다.

도서관에서 책을 펼친 벤 카슨에게 이해되는 책은 없었다. 모두 수준 높은 책이었다. 그때부터 벤 카슨의 어머니가 선택한 독서 방법이 '수준에 맞는 책'을 읽게 한 것이다. 자신은 글을 모르는 문맹이었지만 아들만큼은 수준에 맞는 책을 읽게 해서라도 훌륭하게 키우고 싶었다. 그 수준에 맞는 책은 만화와 그림책이었다. 어머니는 낮은 수준의 책을 읽는 아들을 비난하지 않고 용기를 줬다. "벤, 엄마는 너를 믿는다. 너는 마음만 먹으면 무엇이든 할 수 있어. 다른 사람이 할 수 있으면 넌 더 잘할 수 있다. 엄마와 약속 하나를 하자. 매주 책을 2권 읽고 독후감을 쓰도록 하자. 어떤 책이라도 좋으니 네가 좋아하는 책을 읽으렴."

벤 카슨은 용기를 얻고 어떤 책을 읽든 매주 한 쪽 분량으로 요약하는 습관을 길렀다. 곧 '뇌행'독서법을 실천했다. 그냥 눈으로만 훑어보지 않고 '뇌'로 읽고 '행'동한 것이다. 이렇게 책 읽는 습관은 벤 카슨에게 독서에 눈을 뜨게 해주었다. 수준이 높아진 벤 카슨은 『자연학습도감』을 6개월 동안 읽었고 수업 시간에 실력을 발휘했다. 선생님과 학생들 앞에서 책에 나온 암석의 이름을 모두 맞히고 인정과 칭찬을 받은 것이다. 그때부터 초등 5학년이 1학년 책부터 다시 수준을 낮춰 읽기 시작했다. 모든 수업이 들리기 시작하고 이제 반에서 1등을 하며 수준 높은 독서 인생을 살기 시작했다.

수준 낮은 책을 읽었던 벤 카슨은 서서히 높은 수준의 책들을 섭렵하게 되고 인생을 바꿨다. 고등학교를 우수한 성적으로 졸업하고 의과대학에 들어가 신경외과 전문의가 되었다. 30대 초반에 존스홉킨스의 신경외과 과장이 되었다. 의사가 된 후에도 모든 의학서적을 다 읽고 지식이 필요한 의사들에게 알려주곤 했다. 그의 별명은 돌대가리에서 움직이는 도서관과 만물박사로 바뀌었다. 벤 카슨은 뛰어난 지식으로 1987년 세계 최초로 샴쌍둥이를 분리 수술하는 데 성공했다. 벤 카슨의 인생은 수준에 맞는 독서로부터 시작됐다. 공감되고 재밌고 편안한 수준의 책이 그의 인생을 변화시켰다. 그는 말한다. "꿈을 이루는 길은 책에 있습니다."

독서는 어렵지 않다. 너무 쉽다. 독서는 스트레스의 가장 좋은 해결책이고 인생 모든 것의 해결책이다. 수준에서 벗어나지 말고 지금 내 수준에 맞는 책을 찾아라. 다윗이 수준에 안 맞는 옷을 과감히 벗었듯이, 수준에 안 맞는 책을 내려놓아라. 거기서부터 새로운 인생이 시작된다. 재미있고 관심 가고 이해되고 공감되고 흥미로운 책을 읽어라. 나만을 위한 독서의 세계가 열리고 있다. 몸의 최고 사령관이자 우리 인생을 바꿔줄 전전두엽이 활성화되고 있다. 물만 셀프가 아니라 독서도 셀프다. 수준에 맞는 책은 꼬리를 물고 더 높은 수준의 책을 불러들인다. 읽어라. 내 수준으로!

"자신이 읽고 싶은 책을 읽어야 한다.
일거리처럼 읽은 책은 대부분 몸에 새겨지지 않기 때문이다."

– 새뮤얼 존슨

동기부여,

자신만의 동기부여가
필요하다

　우리는 성공적으로 살아가기 위해 여러 가지 동기부여를 찾는다. 그중 최고의 동기부여는 몸의 총사령관인 생각을 바꾸는 것이다. 책은 생각을 바꾸는 인생 최고의 동기부여 도구다. 그럼에도 책 읽기는 여전히 힘들다. 우리가 가장 먼저 찾아야 할 동기부여는 독서를 잘하기 위한 동기부여다. 오랫동안 책을 읽은 사람조차 권태기에 빠지면 쉽게 돌아오기 힘들다. 책 읽기는 항상 지금이다. 전에 읽었기 때문에 지금 안 읽어도 괜찮다는 것은 잘못된 생각이다. 뇌는 쓰면 쓸수록 강해지고 쓰지 않으면 쇠퇴한다. 책을 처음 읽는 사람이 예전엔 많이 읽고 지금 안 읽는 사람보다 낫다. 책 읽기는 쉽지 않지만 동기부여만 주어진다면 쉽게 독서에 다가갈 수 있다.

불안정했던 내 인생에 책이 없었다면 지금쯤 어떻게 살고 있을지 불 보듯 뻔하다. 누군가 내게 어떻게 인생을 바꿔왔냐고 물으면 주저 없이 '책'과 '동기부여'라고 말한다. 책이면 책이지 왜 동기부여까지 언급하냐고 물을 수 있겠다. 앞에서 이미 말했듯이 내가 책에 조금이나마 눈을 뜬 시기는 20대 후반이었다. 독서에 관해서는 남들보다 뒤처지기 싫어 악착같이 책에 몰두했다. 어찌 된 건지 최선을 다해 읽어도 늘 허전했고 집중력이 부족했다. 서서히 안 좋은 습관들이 독서의 패턴을 갉아먹고 있는 것을 발견했다. 야식, 비만, 불면증, TV 시청, 부정적 친구들은 독서를 포기하게 만드는 나쁜 동기부여였다.

옛 습관은 그대로 둔 채 책만 읽으니 변화는커녕 좌절감과 이질감만 가득 찼다. '남들은 책을 읽어 CEO도 되고 인생을 180도 바꿨다는데, 나는 읽어도 되는 것이 없구나.' 짜증스러운 한탄이 나올 때 거울 속의 내 자신을 보았다. 무기력하고 우울하고 부정적인 모습들이 책을 읽는 것이 아닌 책을 좀먹고 있었다. 답답한 마음에 새벽 공기를 마시며 집 근처 초등학교로 달려가 무한 뜀박질을 시작했다. 그때 독서를 잘하기 위한 동기부여 장면을 환상처럼 보게 됐다. 일찍 자고 새벽에 일어나 독서하기, 저녁 금식하고 독서하기, TV는 없애고 책을 TV처럼 보기, 운동을 통해 몸과 정신을 강화시키기, 독서법 책 읽기, 부정적 친구 끊기.

바로 이 동기부여 종목들을 모두 실천해 봤다. 몸이 건강해지고 정신이 맑아지고 쌓아왔던 부정적 생각들이 점차 사라졌다. 운동으로 체력이 좋아지니 집중도가 이전과 다르게 높아졌다. 책을 대충 훑는 것이 아닌 펜을 들고 밑줄을 치며 정독으로 읽게 됐다. 주변에 사람들이 없어 심심했지만 오히려 책에 더욱 몰입하게 됐다. 저녁은 굶고 그 시간을 온전히 독서 시간으로 만들었다. 저녁 한 끼 굶었는데 정신이 맑아지고 숙면도 취하고 새벽에 일찍 눈이 떠졌다. 그때 음식 절제의 힘을 느꼈다. 몸에 음식을 덜 넣으면 정신이 살아나 독서에 엄청난 힘을 보태게 된다. 독서법 책을 통해 독서 잘하는 기술을 배우고 책 읽기의 비전을 발견했다.

　이 모든 동기부여들이 하나의 습관을 이루고 내 독서생활은 엄청난 비약을 이뤄냈다. 이때 맑은 정신에서 나온 것이 '뇌행'독서법이다. 눈으로만 읽는 것이 아닌 뇌로 읽고, 읽고 끝나는 것이 아닌 행동으로 나타내는 독서법이다. 행동하는 데까지가 독서라는 것을 알고 실천하려면 나를 깨우는 동기부여가 계속되어야 한다. 책 펼치기가 힘들다는 경우, 끝까지 못 읽는 경우, 다 읽어도 별거 없다는 경우 한번 생각해 보라. 독서에 동기부여가 살아 있고, 그 동기부여가 내 정신과 몸을 다스려 독서로 향했는지 말이다. 책은 나를 바꾸는 최고의 동기부여이고 나를 바꾸는 것이 책을 가까이하는 최상의 동기부여다. 인간 책인 내가 변할 때 종이 책이 다가온다. 책으로 향하는 최고의 동기부여는 나를 바꾸는 것이다. 곧 나라는 책을 다시 쓰는 것이다.

1982년 3월 하버드 대학 범죄학자 제임스 윌슨은 '깨진 유리창의 법칙'을 발표했다. 깨진 유리창을 교체하지 않고 방치할 경우 그 유리창을 중심으로 범죄가 일어난다는 이론이다. 가령 유리창이 깨진 자동차나 건물이 고쳐지지 않고 장시간 그대로 방치되어 있으면, 이것을 목격한 사람들은 차 주인이나 건물 관리자가 신경 쓸 마음이 전혀 없다고 판단할 것이다. 이제 지나가는 사람들은 깨진 유리창 주변에서 쓰레기 버리기, 파손, 훼손, 절도, 강도 또는 각종 범죄를 서슴없이 저지른다. 이 '깨진 유리창의 법칙'은 미국 주요 대도시에서 범죄 예방 프로그램의 하나로 정착되었다.

백화점하고 연결된 기차역 화장실을 가보면 깨진 유리창의 법칙을 금방 볼 수 있다. 1층 화장실은 노숙자들이 더럽게 사용한 탓에 냄새도 심하고 보기에도 좋지 않다. 매일 청소해도 똑같이 더럽혀지고 불쾌하다. 기차를 타러 온 사람들도 그곳에서는 침도 뱉고 문도 쾅쾅 닫고 똑같이 더럽게 사용한다. 한 층만 더 올라가면 2층 화장실은 백화점과 연결되어 있다. 이 화장실은 노숙자들이 오지 않는다. 백화점 고객들이 이용하기에 청소 관리자는 이 화장실에 더욱 신경 쓴다. 화장실에 오는 대다수의 고객은 집처럼 깨끗한 화장실을 보고 부적절한 행동을 하지 않는다. 깨진 유리창은 더러움에서 끝나지 않고 무법천지의 악순환을 반복한다.

깨진 유리창을 찾아야 한다. 아니 유리창 전부를 새것으로 교체해야 한다. 반쯤 남은 날카로운 유리창을 다 부수고 청소하고 주변을 깔끔히 해야 한다. 깨진 유리창의 법칙은 우리의 독서와 연결된다. 내 마음이 더럽고 어지럽고 복잡하면 독서에 몰입하기 힘들다. 제대로 된 독서는 그냥 되지 않는다. 마음이 불안하고 더러우면 진지한 독서가 되지 않는다. 영상에 빠지고 음식 조절이 안 되고 잠을 못 이루고 게을러져 운동도 포기하게 된다. 더 나아가 깨진 유리창 주변에 서성이는 놈들이 내 곁으로 서서히 다가온다. 지식을 넣는다는 것은 깨끗하게 받을 준비가 되어 있다는 뜻이다. 내 속에 깨진 유리창을 계속 방치한다면 독서는 저절로 멀어진다.

윌리엄 H. 맥레이븐은 『침대부터 정리하라』에서 이런 말을 한다. "세상을 바꾸고 싶다면 침대부터 정리하십시오. 매일 아침 침대를 정리한다면… 그 일은 얼마간의 자부심과 함께 다른 업무와 또 다른 업무도 해낼 수 있다는 용기를 북돋아 줄 것입니다."

침대 정리는 사소한 행위 같지만 '깨진 유리창의 법칙'을 피하는 방법이다. 물리적 거리는 심리적 거리와 같다. 깨끗이 정리하는 만큼 몸과 정신도 정리되고 맑아진다. 마음가짐은 청소부터 시작된다. 친구들을 정리하고 정신을 청소하고 보이고 듣는 것을 청소하고 몸을 맑게 가꾸어라. 책은 얼마나 많이 읽었느냐 어떤 책을 읽었느냐보다, 어떤 마음가짐으로 읽느냐가 더 중요하다.

전 세계인의 심금을 울리는 두 명의 작가가 있다. 먼저는 일본의 대표 작가 무라카미 하루키다. 안데르센 문학상, 벨트 문학상, 카탈로니아 국제 상을 수상한 하루키는 문학계의 신이다. 신이 된 비결에는 25년간 매일 반복해 온 동기부여 습관들이 있었다. 새벽 4시에 일어나 5~6시간 글을 쓴다. 오후에는 10km를 달리고 1500m를 수영한다. 운동을 마치고 책을 읽거나 음악 감상을 하고 밤 9시에는 잠자리에 든다. 하루키는 이런 반복된 동기부여들을 일종의 최면이라고 칭한다. 그는 책『루틴의 힘』에서 이렇게 말한다. "제 자신의 깊은 내면에 접근하기 위해 스스로에게 최면을 거는 겁니다."

다음으로 소개할 작가는 20세기 최고의 작가 어니스트 헤밍웨이다.『누구를 위하여 종은 울리나』,『노인과 바다』와 같은 위대한 작품을 남긴 노벨문학상 수상자다. 헤밍웨이도 수십 년간 같은 동기부여 습관들을 반복했다. 수십 년간 매일 새벽 6시에 일어나 12시까지 500단어를 목표로 글을 썼다. 오후가 되면 800미터를 수영하고 낚시와 복싱을 즐긴다. 그는 책 『헤밍웨이의 말』에서 이렇게 말한다. "몸과 마음은 밀접하게 연동되어 있거든요. 몸이 둔해지면 마음도 둔해질 수 있어요. 영혼도 둔해질 수 있다고 말하고 싶지만 나야 영혼에 대해서는 아무것도 모르니까."

하루키와 헤밍웨이의 독서와 글쓰기의 원천, 즉 동기부여는 몸가짐, 마음가짐에서 나왔다. 시간을 허투루 쓰지 않았다. 일찍 잠들고 일찍 일어나 컨디션을 좋게 유지한다. 어떤 운동이든 매일같이 필수적으로 실행하여 몸과 정신을 일깨운다. 쓸데없는 사람들을 만나 떠들지 않고 고독을 즐길 줄 안다. 하루키는 말한다. "그렇게 묵묵히 계속하다 보면 어느 순간 내 안에서 '뭔가'가 일어납니다." 그렇다. 글 앞으로 다가가는 '뭔가'의 힘은, 몸과 마음을 날마다 계속해서 가다듬는 동기부여에서 나온다.

세상에는 수많은 동기부여 방법이 존재한다. 그것들 모두 훌륭한 방법이다. 어느 것 하나 버릴 것이 없다. 다만 원초적이고 근본적인, 절대 놓쳐서는 안 될 동기부여를 매일같이 실행해야 한다. 최고의 동기부여, 바로 나 자신의 몸과 마음을 먼저 깨끗하고 튼튼히 만들어 내는 것이다. 내 안의 깨진 유리창의 법칙을 없애는 것이다. 완벽하진 않더라도 자신의 현재 상황에서 완벽해지도록 힘써보자. 몸과 마음은 하나다. 몸이 병들면 마음도 병든다. 건강한 몸에 건강한 정신이 깃든다. 삶에서 불필요한 것들은 버리고 삶을 단순화해 보자. 침대를 정리하고 깨진 유리창을 즉시 교체하자. 몸과 마음이 바뀔 때 우리의 독서는 아름답게 꽃피어난다.

"습관이란 인간으로 하여금
어떤 일이든지 하게 만든다."

– 도스토옙스키

PART 3

어떻게
읽을까
II

주말에 실컷 먹고 즐기기도 하지만 허무하고 몸이 무거워 답답할 뿐이다. 주말은 나를 충전해 주는 시간이 되어야 한다. 그것이 제대로 된 안식이다. 제대로 안식하고 올바로 충전하는 방법은 '주말 독서 여행'을 떠나는 것이다.

주말 독서,

주말에는
독서 여행을 떠나자

주말은 공식적인 휴일이다. 학생, 직장인 할 것 없이 누구에게도 구속받지 않는 나만의 안식일이다. 하지만 안타깝게도 주말을 주말처럼 쉬지 못하며 이렇게 말한다. "쉬는 게 쉬는 게 아니야." "주말이 오히려 더 스트레스야." 왜 그럴까? 누군가에 또는 무엇인가에 간섭을 받기 때문이다. 하루 종일 TV, 게임, 친구에게 구속을 당하고 잠에 취해 하루를 생산성 없이 날려버린다. 머리는 쉰다고 생각해도 입으로는 쉬지 못한다고 불평한다. 주말에 실컷 먹고 즐기기도 하지만 허무하고 몸이 무거워 답답할 뿐이다. 주말은 나를 충전해 주는 시간이 되어야 한다. 그것이 제대로 된 안식이다. 제대로 안식하고 올바로 충전하는 방법은 '주말 독서 여행'을 떠나는 것이다.

어디에 얽매이거나 간섭받는 것을 나는 특히 싫어한다. 그것을 피하고자 주말마다 여행을 다닌 시간이 어느덧 10년이 지났다. 주말여행은 내가 독서를 제대로 하기 시작할 때부터 하게 되었다. 여행을 다니기 전에는 영상, 게임, 친구들에게 구속당하는 것을 가장 잘 쉬는 것이라 생각했다. 주말만 되면 남들보다 악착같이 친구를 만나고 바보상자에 갇혀 있는 것으로 시간을 보냈다. 월요일이 되면 정신적인 스트레스와 몸의 피로가 누적되어 있었다. 일하기도 싫고 만사가 귀찮았다. 월요병은 주말이 되기 전까지 매일 반복되었다. 난 단지 월요병의 연속이라 생각했다. 하지만 월요병이 반복되는 이유는 주말을 주말답게 보내지 못하는 데 있었다. 안식과 충전이 없는 주말이 매일 삶을 피곤하게 만들었다.

집 서재에 꽂혀 있는 책을 무작위로 보다가 세종대왕과 빌 게이츠의 독서에 관한 부분을 읽었다. '책 읽는 것이 세상에서 가장 유익하다'고 말한 세종은 관료들에게 독서휴가를 주었다. '하버드 졸업장보다 소중한 것이 독서하는 습관이다'라고 말한 빌 게이츠는 매년 독서휴가를 떠난다. 세종과 빌 게이츠의 사례를 읽으면서 나의 주말이 잘못 쓰이고 있다고 느꼈다. 주말이 되기 전 대전 장태산 숲속에 있는 펜션을 예약하고 처음으로 주말 독서여행을 기다렸다. 혼자 온 여행이라 어색하고 공기 맑고 분위기 좋은 곳에서 책과 함께 뭐 하는 건가 싶었다. 그것도 잠시 책을 한두 장 펼치고 나서 그 기분은 모두 사라졌다.

여행을 떠날 때 가져간 책은 『데일 카네기 인간관계론』이다. 인간관계에서 핵심인 말을 통한 훌륭한 처세술을 보았다. 펜션 밖 숲 향기와 맑은 공기를 느끼며 그동안 써왔던 잘못된 언어들을 고치는 시간이었다. 이뿐만이 아니었다. 진정한 자신을 찾는 시간들이었고 나를 찾으니 편안한 안식이 찾아왔다. 책에서 읽은 내용들을 생각하면서 걷고 달렸다. 자연 속에서 나를 만나고 안식을 누렸다. 왜 사람들이 '독서 여행'을 강조하는지 그때 깨달았다. 평일에는 일과 사람에 치여 나를 찾기가 쉽지 않다. 간섭받지 않는 주말이 나를 찾아 나서기 가장 좋은 시간대다. 여행은 떠나는 것이 아닌 만나는 것이다. 나를 만나고 다른 문화를 만나고 안식을 만나고.

주말여행을 하다 보면 비용이 제법 들어갈 때가 있다. 그래도 독서 여행을 다녀오면 여행 비용보다 더 값비싼 경험을 가져온다. 평상시 얻지 못한 것들을 여행을 통해서 얻는다. 독서 여행이라고 굳이 멀리 나가지 않아도 된다. 내가 책을 갖고 가는 그 모든 곳이 여행지다. 책만 있다면 그곳은 깨어 숨 쉬는 특별한 독서 여행지가 된다. 와인과 관련된 책이나 시집을 따로 챙겨서 낭만적인 와인 기차 여행을 다녀오는 것도 좋다. 바다와 산에 관련한 책을 들고 바다와 산으로 여행하면 자연과 깊은 대화를 나눌 것이다. 지하철 종점에서 종점까지 다녀오는 독서 여행도 있다. 주말마다 서점과 도서관으로 독서 여행을 떠나는 것도 좋은 방법이다.

'표저프에목발'을 지니고 서점이나 도서관으로 여행을 가보자. 읽지 못할 책이 없고, 마음만 먹으면 하루에 100권 이상 볼 수 있다. 이 여행은 나를 찾을 뿐만 아니라 선인들의 지혜를 찾고 나를 강화시키는 여행이다. 수백 권의 책 제목만 보는 것도 꽤 괜찮은 영감이 주어지는 특별한 독서 여행이다. 나는 지금도 멀리 여행 가지 못할 때는 반드시 서점과 도서관으로 여행을 간다. 책 속으로 들어가면 전 세계 작가들의 생각과 문화 속으로 여행 가게 된다. 직접 가는 여행은 몇 군데 못 가지만 책으로 가는 여행은 하루에도 수십 군데를 돌아다닐 수 있다. 이렇게 여행을 마치고 일상으로 돌아와도 현실은 그대로이다. 하지만 나는 변해 있다. 세상을 바꿀 좋은 기회다.

1869년 독일 슈트라스부르크 대학의 프리드리히 골츠 교수는 개구리를 가지고 실험을 진행했다. 섭씨 15도의 비커 2개에 각각 개구리를 한 마리씩 넣고 급하게 열을 가했다. 개구리 한 마리는 뇌를 손상시켰고 다른 한 마리는 정상적인 개구리다. 실험 결과 뇌가 손상된 개구리는 물이 펄펄 끓어도 나오지 않고 죽었다. 정상적인 개구리는 25도에 도달했을 때 뛰쳐나왔다. 미국 코넬 대학교 스콧 교수도 비슷한 실험을 했다. 이번에도 두 비커에 개구리를 넣었는데 온도만 다르게 했다. 한쪽은 15도, 다른 한쪽은 45도의 펄펄 끓는 물이었다. 실험 결과 45도의 물에 들어가려던 개구리는 뛰쳐나왔고 15도의 개구리는 서서히 삶아지고 말았다.

아무리 펄펄 끓는 뜨거운 물이라도 뇌를 손상당한 개구리는 탈출하려는 생각을 못 한다. 또 정상적인 개구리라도 서서히 따뜻해지는 온도에 적응하여 온천을 하듯 즐기고 있다. 물이 서서히 고온으로 올라가도 이미 삶아지고 있는 상태라 결국 죽음을 맞이할 수밖에 없다. 이것을 '삶은 개구리 증후군'이라고 부른다. 서서히 변하는 상황과 환경 속에 즉각 대응하지 않으면 언젠가 큰일이 닥쳐온다. 안일한 생각과 행동이 죽음을 초래한다.

우리 인간의 평일이 그렇다. 미지근한 물속에서 편안함에 취해 묵상하는 개구리와 닮았다. 현실을 직시하지 못하고 사는 대로 살아간다. 생각하는 대로 살지 않고 사는 대로 생각한다. 비커 안의 개구리처럼 이 정도면 살 만하다고 생각하며 여유를 부린다. 적당함과 안일함을 추구하며 주말을 맞이하고 한 주의 생활을 주말에 보상받기를 갈망한다. 방송과 여러 업체들은 이것을 이용해 주말에 각종 프로그램으로 우리에게 다가온다. 한 주의 스트레스를 전부 날려 보내줄 것처럼 유혹한다. 그 끝은 월요병이다. 그들은 더 많은 스트레스를 안겨주고 한몫 챙겨 퇴장한다. 일주일 내내 우리는 서서히 삶아지고 있다. 삶은 개구리를 통해 정신 차려야 한다.

당장은 탈출하기 어렵다는 것을 잘 알고 있다. 꿈도 중요하지만 당장 먹고사는 것도 해결해야 한다. 평일에 일을 했기 때문에 주말에 쉴 수 있는 것이다. 가장 현명한 방법은 주말을 이용해서 제대로 안식하고 제대로 탈출하는 것이다. 평일은 일과 사람에 치여 둔감해진다. 이성을 갖고 깊이 고뇌하는 시간이 바로 주말이다. 주말에는 누구에게도 간섭받지 않고 내가 주인이 되어야한다. 모든 보상이 주말에 모여 주말이 뜨거워진다. 각종 방송과 세상 것들로 뜨거워진다. 그 열기 속에서 우리는 삶아지고 있다. 주말의 뜨거움 속에서 탈출하라. 삶아지지 마라. 우리의 능력은 주말에 발휘된다. 주말 독서 여행으로 안식하고 성장해야 한다.

'한국퀀텀리딩센터' 김병완 대표는 11년간 102권의 책을 낸 신들린 저술가다. 또 자기계발 및 독서법 강연자이며 기업경영컨설턴트, 저술컨설턴트로 활약 중이다. 그는 14년 전 갑자기 찾아온 인생의 고뇌로 11년간 잘 다니던 대기업에 과감히 사표를 던졌다. 그때 고뇌는 이것이었다. "낙엽 지던 어느 가을날 길가에 뒹구는 나뭇잎들을 보고 불현듯 '바람에 뒹구는 쓸쓸한 저 나뭇잎'이 내 신세와 같다는 생각이 들었다. 아니, 나와 같은 직장인의 미래가 연상되면서 온몸에 심한 충격이 왔다." 그 후 3년 동안 부산에 있는 도서관으로 독서 여행을 떠났다. 하루하루를 주말로 만들어 누구의 간섭도 받지 않고 3년간 하루 15시간씩 책 1만 권을 돌파했다.

3년간 1만 권을 읽은 독서 내공은 지금도 계속 결실을 맺고 있다. 11년 연속으로 베스트셀러 작가가 되었고 평범한 사람들을 독서 천재로 만들어 주고 있다. 그가 매일 외치는 말이 있다. "책에 미쳐라! 도서관에 미쳐라! 우리가 찾는 답이 그곳에 있다!" 인생의 한 시점에서 그의 과감한 선택이 기적을 불러왔다. 평생 가도 1만 권을 독파하기가 힘든데 그는 단 3년 만에 그 목표를 이뤘다. 3년을 매일같이 주말 독서 여행으로 보내지 않았다면 지금의 김병완 대표는 없을 것이다.

나도 몇 년 전에 김병완 대표를 만나 큰 도전을 받은 경험이 있다. 그 후 1년 동안 매일같이 주말 독서 여행을 떠나 2000권을 독파했다. 그때 읽은 책들이 지금의 정신사상에 큰 영향을 주고 있다. 몇 권을 읽었는지 숫자도 중요하지만 더 중요한 것은 지금 모든 것을 내려놓고 독서 여행을 과감히 떠날 수 있는가이다. 우리가 인생을 살면서 크고 긴 고뇌 속에 잠길 때가 있다. 어떤 이는 술, 담배, 오락으로 방탕하게 매일매일을 버린다. 어떤 이는 자살로 생을 마감하기도 한다.

나는 외치고 싶다. 방탕하게 살고 싶은 마음, 자살할 마음을 책으로 돌려보라고. 모든 일정과 하던 일을 내려놓고 사람도 끊고 몇 개월 몇 년이든 여행을 해보라고. 그 여행은 주말 독서 여행이라고. 모든 것은 생각에서 일어난다. 지금 하는 고뇌도 생각에서 일어나는 것이기에 새로운 생각이 들어오면 해결된다. 남들과 다른 창조적인 생각은 오직 책을 통해서만 유입된다. 내 생각을 쥐어짜서는 절대 새로운 생각이 들어올 수 없다. 그러기 위해서 우리는 평일을 주말로 만들어 매일같이 독서 여행을 떠나야 한다. 몇 개월 몇 년을 일도 안 하고 책만 읽는 것이 손해일 수 있지만 결코 그렇지 않다. 이 시간을 보낸 자는 어마어마한 수입을 누릴 자격을 갖추게 된다.

오늘부터 주말 독서 여행을 계획해 보자. 평일에는 꿈꿀 수 없었던 안식을 주말에 책과 함께 누리는 것이다. 먹고 마시고 노는 것은 그때뿐이다. 미련하게 여기에 목숨 걸지 말라. 누구에게도 간섭받지 않고 혼자만의 고독을 즐겨보자. 평일의 질은 주말을 어떻게 보냈느냐에 따라 달라진다. 주말을 잘못 보내면 평일은 더 큰 스트레스와 피로가 쌓여 매일매일이 지옥이 될 수 있다. 주말에 여행을 떠나보자. 멋진 장소를 찾아 책을 들고 나가보자. 인생의 큰 고뇌 속에 있다면 모든 걸 버리고 매일을 주말처럼 만들어 독서 여행을 떠나보자. 그곳이 여행지든 서점이든 도서관이든 집이든 상관없다. '독서'하는 그 시간이 주말이고 위대한 여행이다.

"진정한 여행이란 새로운 풍경을 찾는 것이 아니라
새로운 눈을 지니는 것이다."

– 마르셀 프루스트

자투리 시간,

남는 시간에는
무조건 읽자

무조건 책을 잘 읽는 방법이 하나 있다. 내가 꼭 해야 할 일들을 뺀 모든 시간을 독서로 채우는 것이다. 세면, 식사, 업무, 수업, 과제, 만남, 수면 시간들을 빼면 남는 시간이 있다. 그 시간을 이용해 책을 펼치면 된다. 이 시간을 '자투리 시간'이라고 부른다. 사람들은 바빠서 책 읽을 시간이 없다고 한다. 거짓말이고 핑계다. 아무리 바빠도 그 속에 자투리 시간은 있다. 연애할 때를 생각해 보면, 자투리 시간은 물론 하루의 모든 시간을 연인에게 집중하고 있다. 독서할 시간이 없다는 것은 결국 우리 마음의 문제다. 마음만 책으로 바꾸면 시간은 얼마든지 우리를 기다리고 있다. 자투리 시간은 황금 시간이며 우리의 꿈을 위한 시간이다.

몇 년 전까지만 해도 자투리 시간까지 책을 본다는 게 쉬운 일이 아니었다. SNS도 하고 사람들과 잡담도 해야 하고 영화도 챙겨 봐야 했다. 독서는 새벽이나 밤에 집중해서 하고 주말에 몰아서 하기도 했다. 성격이 많이 예민한 탓일까 어느 날 나 자신에게 죄를 짓는다는 느낌이 들었다. 중요한 일 외에 사용하는 대부분의 시간이 허무했고 후회로 가득했다. 몰아서 하는 독서는 몸이 피곤해 제대로 되지 않았고 SNS와 잡담도 그다지 생산성이 없었다. 영화 한 편을 보는 것보다 소설을 읽어 문해력과 어휘력을 키우는 게 더 낫다는 생각이 들었다. 모든 것은 스마트폰을 통해서 일어났다. 나는 차츰 스마트폰을 멀리 놓기 시작하고 책을 들었다.

사람들은 이렇게 생각할 것이다. 그렇게 책을 많이 읽었으면 그 시점부터 완전히 바뀌어야 하는 것 아니냐고. 평생 좋은 습관 그 모습 그대로 가야 하는 것 아니냐고. 나도 그렇게 생각했지만 아닌 것 같다. 주변의 독서 대가들도 인간이고 나도 인간이다. 때로는 자주 넘어지고 실패한다. 하지만 독서하는 사람들은 좋은 쪽으로 자주 바꾸어 나간다. 넘어져도 쉽게 일어난다. 내가 10년 전부터 독서를 그렇게 사랑했는데 자투리 시간을 왜 모를까? 그런데도 어느새 자투리 시간을 다른 것들로 대체하는 내가 보였다. 여하튼 어느 순간부터 다시 깨달아 틈틈이 책을 펼쳤다. 놀라운 것은 이제 자투리 시간에 다른 짓을 하는 게 매우 어렵다는 것이다.

나의 모습에서 보기 싫은 행동들을 계속 바꾸어 나가 보니 원하는 모습들로 채워지고 있었다. 출퇴근 시간에도 책을 펼치고 업무 시간 외에는 무조건 책을 읽는다. 차를 끌고 다닐 때도 빨간 신호등에서 간단한 명언 책을 읽는다. 식사 시간에도 책을 읽고 식사가 끝나면 분위기 좋은 곳에서 책을 펼친다. 화장실에서 큰일을 볼 때 읽는 책은 냄새도 잊을 만큼 평안하다. 약속 장소에 먼저 도착해 책을 읽으니 상대에게 신뢰를 주고 대화도 풍성해진다. 저녁 공복을 통해 자투리 시간을 늘려 책을 읽는 시간은 거룩함 그 자체다. 잠들기 전 침대 머리맡 양옆에 책을 놓고 읽으면 잠이 맛있어진다.

어렵지 않다. 하면 된다. 시간이 없다는 핑계보단 그저 책을 한 장 펼치는 힘만 있으면 된다. 나는 어느 장소와 시간이든 아주 자연스럽게 책을 읽는다. 그냥 책을 펼치면 된다. 그게 자투리 시간에 책을 볼 수 있는 비결이다. 무엇 때문에 두렵고 어려운가? 단 한 가지, 독서의 적! 스마트폰이다. 스마트폰이 생긴 이후로 인간의 모든 자투리 시간은 잠식당했다. 스마트폰에 자투리 시간을 바치면 멈추기가 상당히 힘들다. 요즘 시대에 스마트폰은 실생활에 없어서는 안 될 존재다. 모든 결제 수단과 연락, 정보, 업무를 한번에 해결한다. 이 좋은 것들 때문에 우린 점점 더 스마트폰에 의존하고 황금 같은 자투리 시간은 삭제된다.

독서를 의무적으로 해야 하는 청소년들조차 스마트폰 의존도가 높다. 한국 청소년들은 자투리 시간까지도 공부에 전념한다. 사실 청소년 시기에는 독서를 통해 다양한 사고력과 자아를 형성해야 한다. 청년이 되기 전까지 다양한 것들을 습득하고 알아야 올바로 성장할 수 있다. 청소년에게 자투리 시간의 독서는 어찌 보면 필수라 할 수 있다. 안타깝게도 스마트폰은 그 모든 배움을 앗아가고 있다. 평균 3~5시간을 연속해서 사용한다고 하지만 더 큰 문제가 있다. 3~5시간에 포함되지 않은 자투리 시간에도 스마트폰에 중독되어 있다는 것이다. 청소년들은 매시간 매분 매초마다 스마트폰에 노출되어 있다.

청소년뿐만이 아니다. 어른들도 똑같다. 청소년들은 지도하는 부모라도 있지만 어른들은 누구에게도 간섭받지 않는다. 마치 고삐 풀린 망아지처럼 스마트폰으로 하루 종일 달려든다. 일어나면서, 씻으면서, 식사하면서, 출근하면서, 직장에서, 퇴근하면서 스마트폰을 놓지 않는다. 더 심한 것은 자기 전까지 보다가 잠을 청하는데 잠이 깊지 못할 때도 또다시 본다는 것이다. 스마트폰이 자투리 시간뿐만 아닌, 중요한 시간들까지도 야금야금 갉아먹는 게 가장 큰 문제다. 평생에 우리에게 주어진 중요한 것들이 있다. 집중하고 애를 써도 될까 말까 한 상황이다. 스마트폰에만 집중하고 분신처럼 놓지 못하는 이 현실이 안타까울 뿐이다.

지금처럼 살고 싶다면 지금처럼 스마트폰에 모든 시간을 써라. 만약 스마트폰에게 내 시간을 갖다 바치는 인생이 싫다면 전쟁을 치러야 한다. 이 전쟁의 작전명은 '후퇴'다. 맞서 싸우는 순간 패배한다. 성적 유혹과 스마트폰 유혹의 공통점이 있다. 맞서면 지고 피하면 이긴다는 것이다. 성경에 그 대표적인 인물이 다윗과 요셉이다. 요셉은 보디발 장군 아내의 유혹을 뿌리치고 도망쳐 음란을 이겼다. 반대로 다윗은 목욕하는 여자를 계속 쳐다보다가 음란에 지고 말았다. 우리의 자투리 시간을 지키려면 스마트폰으로부터 도망쳐야 한다. 꺼놓든지 구석에 처박아 놓든지 눈에 띄지 않아야 이길 수 있다. 처음부터 지는 싸움은 피하는 자가 승리한다.

대한민국의 경제학자이며 자기계발 전문 작가인 공병호 소장은 자투리 독서의 전도사다. 63세의 나이에도 왕성한 활동을 하며 자투리 시간 전부를 독서에 매진하고 있다. 140권이 넘는 책을 출간했고 수많은 강의와 방송을 소화하며 바쁜 시간들을 보내고 있다. 그는 많은 강의를 통해 항상 독서를 강조한다. 독서를 해야 자기를 경영할 수 있고 그 독서의 시간은 자투리 시간을 이용하라고 말한다. 그는 『핵심만 골라 읽는 실용독서의 기술』에서 이렇게 말한다. "독서가 엄숙함과 동의어가 될 수 없다. 한자리에 지그시 앉아서 책을 읽을 수 있는 환경을 가진 사람은 거의 없다.

이제 독서는 언제, 어디서나 틈틈이 하는 활동이어야 한다."

공병호 소장의 말처럼, 요즘 사회가 한자리에서 지그시 책을 읽는 분위기를 허용하지 않는다. 남녀노소 모두에게 끊임없고 쉴 새 없이 무언가를 하도록 강요한다. 그럼에도 중간중간 틈이 나는 시간들을 찾아 독서하라고 공병호 소장은 여전히 강조하고 있다. 그는 또 말한다. "나의 생활은 시간이 갈수록 점점 바빠지고 있다. 이런 분주함 속에서 어떻게 독서를 할 수 있을까를 고민하지 않을 수 없다. … 대부분의 글을 이동하면서, 혹은 막간의 시간에 읽는다. 지하철, 렌터카, 비행기, 기차 등 어떤 곳에서든 5분, 10분, 20분이라는 시간은 집중적으로 책을 읽을 수 있는 유용한 시간이다."

공병호 소장이 늘 빠듯하고 분주한 일상에서 틈새를 찾아 독서하는 이유는 무엇일까? 하루 중 해야 할 본업만으로도 무척이나 피곤하고 바쁘다. 굳이 틈새를 노려 독서하는 이유는 휴식과 강한 자극을 얻기 때문이라고 한다. 바쁠수록 남는 틈새 시간을 아무렇게나 보낸다면 더 피곤하고 삶에 안 좋은 영향을 미칠 수 있다. 독서를 통한 휴식이야말로 제대로 된 동기부여를 가져다준다. 나무는 곳곳에 틈이 벌어져 있다. 그 틈으로 영양주사도 맞고, 신비로운 고로쇠 물도 흐른다. 빈틈이 없으면 건조하고 차갑다. 틈새가 있어야 햇살이 들어온다. 틈새 시간을 이용한 독서가 휴식을 주고 매일 삶에 힘을 불어넣는다.

잠에서 깨어나 다시 잠들 때까지 하루하루 우리에게 주어지는 틈새가 있다. 집에서 외출해서, 회사에서, 학교에서, 만남 속에서 나타나는 틈새를 잘 메꾸어야 한다. 평상시 틈새를 잘 가꿔놓는 다면 인생에 위기가 닥치고 큰 틈이 생겼을 때 무난히 해결된다. 영양가 없는 일들로 내 틈새를 메꾼다면 위기의 상황에서 제대로 힘을 발휘할 수 없다. 틈은 생명이다. 이 틈을 사망의 일로 메꾸느냐 생명의 독서로 메꾸느냐는 내 선택이다. 공병호 소장처럼 잘나가는 인생을 살고 싶다면 틈새 독서를 실행하자. 편안한 환경과 시간이 주어질 때까지 기다리지 말고 자투리 시간에 틈 틈이 짬짬이 읽어보자. 틈새를 장악하면 시간의 주관자가 될 수 있다.

자투리 독서는 퍼즐게임과 같다. 중구난방으로 이쪽저쪽에서 퍼즐을 맞추지만 언젠간 윤곽이 드러난다. 지금은 희미하고 보이지 않지만 독서의 임계점에 닿는다면 운명을 거스른 내 미래가 드러난다. 어느 시간대든지 무작정 책을 펼쳐라. 자투리의 조각조각들이 모여 내 운명을 결정한다. 운명의 퍼즐게임이 시작됐다. 24시간은 누구에게나 공평하게 주어졌다. 시간 없다는 핑계는 멈춰라. 어떤 이는 자투리 시간을 잘 써서 시간의 지배자가 된다. 어떤 이는 시간의 노예가 된다. 잘되는 사람은 바쁜 와중에도 독서를 한다. 안 되는 사람은 바쁜 것도 없고 독서도 하지 않는다. 시간의 문제가 아닌 생각의 차이다. 매 순간을 독서하기로 마음먹어라.

★　★　★

"변명 중에서 가장 어리석고 못난 변명은
'시간이 없어서'라는 변명이다."

– 토머스 에디슨

환경,

손이 닿는 곳에
책을 두어라

당신은 기억하지 못해도 시간은 오늘도 그대를 기다렸다. 오늘을 헛되이 보냈다면 그 시간을 만나지 못한 것이다. 나를 기다리고 성장시키는 시간, 곧 자투리 시간을 찾고 그 시간을 잡는 방법이 있다. 내 공간에서 책을 통해 시간을 만나는 것이다. 책 읽는 공간이 시간을 다스린다. 만약 내 공간에 책 아닌 스마트폰, TV, 게임이 놓여 있다면 시간의 노예가 된다. 시간을 장악하려면 책이 있어야 한다. 자투리 시간이 많아도 책이 없다면 시간 전쟁에서 진 것이다. 군인이 전쟁터에 총을 놓고 온 것이나 마찬가지다. 책은 인생의 핵심이 들어간 '핵'이다. 모든 전쟁을 종결시킬 최강의 핵무기다. 시간이 굴복하고 세상이 굴복하려면 환경 이곳저곳에 '책'을 펼쳐놓아야 한다.

나는 매일 같은 루틴으로 흘러가는 시간을 잡고 분산시키고 굴복시킨다. 우선 침대 머리맡 양옆에 책들을 놓고 자기 전과 자고 난 후에 책을 읽는다. 자기 전 독서는 꿀잠을 주고 자고 난 후 독서는 상쾌함과 맑은 정신을 준다. 소파에서 신문을 펼쳐 세상을 읽고 화장실에서 볼일을 보며 비치된 책으로 쾌락 독서를 시작한다. 아침식사로 빵과 과일을 먹으면서 식탁에서 책을 읽는다. 출근할 때 두 권 정도의 책을 가방에 넣고 나간다. 대중교통을 이용할 때 모두가 스마트폰을 만지지만 나는 당당히 책을 꺼내 거침없이 읽는다. 직장에서는 맡은 일을 충실히 하고 업무가 없을 때는 틈틈이 독서 삼매경에 빠져든다.

직장에서 점심시간은 외출을 통해 여유롭게 밥을 먹고 시간을 보낸다. 식사 후 가끔씩 서점에 들러 '표저프에목발'로 책 한두 권을 읽는다. 정말 끌리는 책은 구매하고 집에서 밑줄 치며 몇 번을 반복하여 읽는다. 서점에 못 갈 때는 북카페에 들러 맛있는 블루베리 음료를 마시며 비치된 책을 읽는다. 다시 회사로 돌아와 업무를 보면서 틈틈이 책을 읽는다. 퇴근할 때도 출근할 때와 똑같이 대중교통을 이용하며 독서를 한다. 가끔씩 모임이 있을 때는 10~20분 먼저 도착해 가방에 있는 책을 꺼내 읽는다. 집중이 안 될 때는 모임 장소에 비치된 잡지들을 정독한다. 잡지에는 정말 좋은 내용의 글들이 많아서 읽다 보면 큰 인사이트를 얻을 때가 많다.

모임 중간에 말이 멈출 때는 어김없이 책을 본다. 책 내용 중 좋은 것들은 상대에게 알려주고 그 내용을 중심으로 화두를 이어간다. 모임을 마치고 집에 도착해 자동차를 운전해 운동센터로 출발한다. 빨간 신호등에 멈출 때는 명언이 가득한 책을 소리 내어 읽고 외운다. 이때 읽은 명언들은 동기부여를 주어 운동에 더 집중하게 해준다. 운동 후 집에 돌아와 공복을 통해 가벼운 몸으로 거실 소파에 앉아 나를 반기는 책을 읽는다. 소파 독서를 마치면 작은방 서재에 들어가 본격적인 독서를 시작한다. 서재 의자 양옆에는 50권 이상 책이 쌓여 있다. 책상에는 노트북을 중심으로 양옆에 10권 이상의 책들이 나랑 눈을 마주하고 있다.

책에서 기어 나온 책벌레 같지 않은가? 어떤 식으로 시간을 잡고 분산시키고 굴복시키는지 확인했는가? 시간을 못 다스리는 것은 바빠서가 아니라 곳곳에 책이 없어서다. 이런 루틴으로 살아갈 때 지켜야 할 것은 스마트폰을 눈에서 멀어지게 하는 것이다. 무음은 당연하고 모든 알림음은 꺼야 한다. 꼭 해야 할 답장만 해주고 어떨 때는 속 편하게 꺼놓는다. 나는 매일 많은 대학에 출석하고 있다. 침대대학, 화장실대학, 식탁대학, 정류장대학, 지하철대학, 버스대학, 회사대학, 서점대학, 카페대학, 자동차대학,

소파대학, 서재대학이다. 책을 볼 수밖에 없는 환경이 인생을 바꿔주고 있다. 책은 나의 목자요, 연인이요, 스승이요, 파트너다.

미국 사회심리학자이며 미시간 대학교 로버트 자이언스 교수는 호감도에 관한 실험을 진행했다. 참가자들에게 사진을 보여주며 기억력 테스트인 척 알렸지만 목적은 사진 인물의 호감도였다. 우선 대학 졸업앨범에서 12장의 사진을 선정하고 실험 참가자들에게 보여주며 기억하게 했다. 1초당 2장씩 보여줬는데 사진마다 횟수를 달리해 0회, 1회, 2회, 5회, 10회, 25회씩 보여줬다. 실험 결과 횟수를 많이 보여준 사진일수록 호감도가 높게 나왔다. 한 번도 보여주지 않은 사진보다 25회 보여줬던 사진의 호감도가 1.5배 높았다. 실험은 그저 몇 번 보기만 했을 뿐인데 상대에 대한 호감도가 상승했다는 것을 알려준다.

로버트 자이언스 교수는 위 실험을 '단순노출효과' 또는 '에펠탑 효과'라고 부른다. 반복된 노출이 호감을 주고 정 들고 좋아하게 만든다. 못생긴 사람도 자주 보면 괜찮아 보인다. 에펠탑도 처음 지어졌을 당시 시민들의 반대가 심했다. 파리의 고풍스러운 건물들과 어울리지 않고 철골로 만들어져 천박하다고 느꼈다. 하지만 시간이 지날수록 에펠탑은 프랑스의 명물이자 세계인들이 사랑하는 건축물이 되었다. 파리를 오가면서 그저 계속 보다 보니 프랑스의 상징이자 파리의 심장이 된 것이다. 건물이든 사람이든 계속 보여주는 횟수가 많으면 많을수록 호감을 얻게 된다.

'Out of sight, out of mind'라는 영어 속담이 있다. 눈에서 멀어지면, 마음에서도 멀어진다는 뜻이다. 눈에 안 보이면 잊힌다. 되살아나려면 눈앞에 보여야 한다. 좋든 싫든 눈앞에 보여야 가까워지고 느껴진다. 방송에 자주 나오는 연예인이 시청자들의 관심과 사랑을 받는다. 방송에서 보이지 않으면 관심에서 사라진다. 연인 사이도 대부분 몸에서 멀어지면 마음에서 멀어진다. 군대 간 애인을 놓고 고무신을 거꾸로 신는다는 것도 몸에서 멀어진 이유이다. 사람의 일은 항상 가까운 데서 일어난다. 비전, 만남, 사랑, 소망, 질투, 이별은 모두 가까이서 발생한다. 먼 친척보다 가까운 이웃이 낫다는 말처럼 뭐든 가까이 돼야 이웃이 되고 관심을 갖는다.

책도 마찬가지다. 눈앞에 책이 있어야 읽을 마음이 생긴다. 스마트폰에 중독된 것은 눈뜨고 감을 때까지 온종일 눈앞에 있기 때문이다. 구석에 숨겨놓고 보이지 않으면 절대 중독될 일이 없다. 책에 푹 빠지고 싶다면 가는 곳마다 책을 보이게 하면 된다. 단순하게 노출시키면 된다. 에펠탑처럼 그 자리에 있으면 된다. 침대에 두고 화장실에 두고 거실에 두고 소파에 두고 식탁에 두고 가방에 넣고 회사에 두면 된다. 어렵지 않다. 눈앞을 온통 책으로 깔아놓아라. 나는 한술 더 떠서 책 받침대에 글이 보이게 펼쳐놓는다. 바닥에 있는 책들은 현재진행형(ing) 상태로 만들기 위해 펼쳐서 뒤집어 놓는다. 눈앞으로 책을 가져오는 것부터가 책 읽기의 시작이다.

얼마 전 독서 관련 영상을 보다가 '책에 푹 빠진 할아버지' 편을 시청했다. 주인공은 새벽 2시에 일어나 매일 500권의 책을 읽고 영어와 일어를 코칭하는 문성열 원장이다. 제작진이 그를 찾아갔을 때 집은 그야말로 '책' 아수라장이었다. 방 안 곳곳은 물론 거실, 화장실, 부엌까지 집 안은 온통 책으로 둘러싸여 있다. 집 안 인테리어는 읽다가 던진 책들이 해주고 있었다. 책은 모두 1만 권이 넘었고 5억 원가량의 돈이 들었다고 한다. 문성열 원장은 퇴직 후 시작한 사업이 실패로 돌아가 모든 재산을 잃고 가족들과도 이별했다. 그럼에도 슬픔과 좌절 속에서 일어설 수 있었던 것은 곁에 있던 책 덕분이었다.

나폴레옹은 전쟁 중에 수레에 책을 싣고 다니며 읽은 것으로 유명하다. 마찬가지로 문성열 원장의 독서 열정이 매일 50권가량의 책을 캐리어에 싣고 다니며 읽게 만들었다. 집에서 새는 바가지 밖에서도 새는 것처럼 문성열 원장의 모든 환경은 독서로 빼곡하게 채워졌다. 그의 독서법은 특이한데 한 권당 1분 안팎으로 읽고 다음 책으로 넘어간다. "저는 한 문장을 끄집어냅니다. 한번 읽을 때 한 문장만 읽습니다. 대신 계속 읽습니다. 내일 또 읽습니다. 전시해 놓고 끝나지 않습니다. 제가 하루에 손을 대고자 하는 책의 수는 목표가 500권 이상입니다. 오늘은 한 문장이지만 나는 포기하지 않습니다."

사람들은 그게 무슨 책 읽기냐며 반기를 들 수 있지만 이 속엔 어마어마한 비밀이 숨어 있다. 바로 연속적인 책 읽기다. 내게 와닿는 메시지 하나를 찾고 책을 덮지만 다음 날 그 책을 다시 펼친다는 것이다. 그는 이 독서법을 한 자리에서만이 아닌 집 안 전체와 밖에서도 실천하고 있다. 마치 책에서 보물을 발견하는 것처럼 게임하듯 독서하니 지루할 틈이 없다. 방에서 보물을 찾고 화장실에서 찾고 거실에서 찾고 식탁에서 찾는다. 나도 어느 주제와 관련된 내용을 찾을 때 도서관 책들을 쥐 잡듯 찾으면 그렇게 재미있을 수가 없다. 여러 책을 동시에 읽는 것을 멀티 독서라 한다. 멀티 독서는 지식의 교차를 일으키고 어휘와 문해력을 상승시킨다.

어떤 독서법이든 무슨 상관인가? 책으로 시간을 붙잡고 있다면, 책이 눈앞에 있고 마음이 책 앞에 있다면 최상의 환경이다.

바쁜 와중에도 남는 시간들을 책으로 사용한다면 그가 가장 행복한 사람이다. 책은 스트레스를 없애고 지성인이 되고 자신의 업무를 높이고 세상의 1프로가 되는 길이다. 문성열 원장처럼 책을 가까이함으로써 실패한 환경을 성공으로 바꿀 수 있다. '맹모삼천지교'라는 고사성어가 있다. 맹자의 어머니가 맹자의 교육을 위해 세 번 이사했다는 뜻이다. 안 좋은 환경을 좋은 환경으로 바꾼 것이다. 우리는 지금도 성장한다. 그 성장에는 좋은 환경이 필요하다. 어느 공간이든 당장 책을 펼친다면 그곳이 좋은 환경이다.

내가 있는 모든 공간을 독서 공간으로, 나에게 지나가는 모든 시간을 독서 시간으로 만들어 보자. 좋은 환경에서 자라지 못했다고 한탄하지 말고 내가 좋은 환경을 나의 자유의지로 만들면 된다. 최고의 환경은 책이 머무르는 공간과 시간이다. 스마트폰, TV, 게임, 오락이 공간과 시간을 차지할 때 최악의 환경이 된다. 인생은 단 한 번이다. 오늘 내 인생의 종말이 올 수 있다. 미래까지 가지 않더라도 오늘 하루를 제대로 살다 가야 한다. 책을 읽고 진정한 나를 만나 의식을 확장할 때 오늘 한 그루의 나무를 심는 행동을 할 수 있다. 보이는 모든 곳에 에펠탑처럼 책을 쌓아 노출시켜 보자. 눈에서 가까울 때 마음에서 가까워진다. 책을 눈앞에 마음을 책 앞에!

"이 세상에서 정말 위대해지는 방법은 없다.
우리는 모두 모진 환경의 지배를 받는다."

– 제임스 딘

독서 시간,

자신만의 시간대를 찾으면 독서가 쉬워진다

독서 고수들은 시간, 공간을 구분하지 않고 틈나는 대로 책을 펼친다. 잠자는 시간 빼고 모든 시간을 배우고, 외우고, 읽고, 가르친다. 나는 마사지 고수다. 시간, 공간 따지지 않고 사람들을 치유하고 틈틈이 공부한다. 고수들은 한 분야에 우뚝 서기 전까지 단련된 시간이 있었다. 단련 시간을 거쳐왔기에 어느 때든 실력을 발휘할 수 있다. 독서에도 단련 시간이 있다. 활동하지 않는 시간, 고정된 시간, 잠겨 있는 시간으로 곧 '새벽과 밤'이다. 이 시간은 모두가 잠든 고요한 시간으로 독서 훈련하기에 최적화되어 있다. 자투리 시간에 틈새 독서가 어렵다면 비밀의 시간인 새벽과 밤을 이용하자. 맑은 정신과 신비한 힘이 광활한 독서의 세계로 이끌어 준다.

많은 시간을 요구하는 게 아니다. 단 1시간을 새벽이나 밤에 투자해 보는 것이다. 만약 1년 365일 동안 매일 1시간씩 독서하면 365시간을 벌게 된다. 시간을 버리거나 쓰는 것이 아닌 365시간을 버는 것이다. 획득하는 개념이다. 나는 남들 모두 잠자는 시간으로 버려지거나 없어지는 새벽 1시간을 몇 년간 꾸준히 벌어왔다. 조금 더 일찍 일어나 1시간을 내 것으로 만들어 독서할 때 주말 독서 2~3시간의 효과를 경험했다. 그만큼 맑은 정신과 강한 집중이 저절로 이루어진다. 어떨 때는 밤 12시가 넘어서도 독서할 때가 있다. 시작은 피곤했지만 어느 시점부터 밤 12시가 넘는 독서도 새벽처럼 맑은 정신으로 하게 된다.

나는 우주에서 내려준 365일에 대한 보답으로 365시간의 십일조를 드려야 한다고 생각한다. 물론 365시간의 특혜를 받는 당사자는 '나'다. 우리 모두는 작은 하늘이고 작은 신이고 작은 우주다. 종교에서 말하는 십일조도 결국은 나의 유익을 위해 헌납하는 의미다. 물질이 가는 곳에 마음이 따라가고 시간이 가는 곳에 내 마음도 따라간다. 매일 사용하는 돈도 매일 보내는 시간도 내 마음이 있는 곳에 투자한 것이다. 지금 삶이 원하던 모습이 아니라면 돈과 시간의 위치를 바꿔야 한다. 그 위치는 바로 독서다. 독서에 돈과 시간을 투자해 갈망하는 어떤 분야에서 나를 신으로 만들어라. 신이 될 때 항상 만족하고 행복한 인생을 누릴 것이다.

모두가 바쁜 일상에서 하루 1시간을 고정적으로 내서 독서하기가 쉽지 않다. 핑계도 약간 섞여 있지만 인정한다. 아침부터 저녁까지 하루를 산다는 것, 그 자체가 힘들고 피곤하다. 뇌가 일해야 하고 세포, 오장육부, 뼈대, 근육, 피부 각 모든 기관이 일사분란하게 움직인다. 본인이 맡은 일 외에 다른 것을 신경 쓰면 더 많은 에너지가 필요하기에 과부하를 불러온다. 이때 필요한 것은 집에서의 안식이다. 술 모임, 게임, 영상 시청 등은 쉬는 게 아닌 더 과한 피로와 스트레스를 불러온다. 모든 것을 내려놓고 집으로 들어와야 진정한 쉼이 시작된다. 밤이 다가오고 잠자고 일어나 새벽이 시작될 것이다. 그 시간을 이용할 때 1시간 독서가 가능해진다.

독서의 십일조는 하루 1시간이다. 새벽이나 밤을 깨워 더도 말고 덜도 말고 딱 1시간만 헌납하는 마음으로 독서에 몰입해라. 태권도를 하루 1시간 할 때 1년이면 1단을 취득한다. 독서에도 단이 있다면 1시간 1년이면 1단을 딴 것이다. 1시간 새벽과 밤 독서는 모든 자투리 시간을 독서로 보내게 해준다. 이것은 새벽과 밤의 힘이 주는 능력 때문이다. 새벽과 밤의 독서는 잠재의식 깊숙이 스며든다. 잠재의식에 형성된 독서는 오늘을 살아갈 때 틈만 나면 습관처럼 책을 펼치게 한다. 습관은 잠재의식에서 형성하기 때문이다. 시간 없고 독서가 힘들 때 새벽과 밤 시간에 독서를 해보자. 맑은 정신이 임하고 차분한 마음과 최고의 몰입이 시작된다.

영국 버밍엄 대학 인간 뇌 건강센터의 엘리스 페이스-차일즈 박사 연구팀은 '저녁형 인간'은 '아침형 인간'과는 달리 낮 시간대에 뇌 기능이 떨어지고 저녁 시간대에 뇌 기능이 올라가 전형적인 '오전 9시~오후 5시 일과' 시스템과는 맞지 않는다는 연구 결과를 발표했다. 연구 결과를 통해서 우리가 알아야 할 것은 두 집단의 집중 시간대가 다르다는 것이다. '아침형 인간'이 맞고 '저녁형 인간'이 틀린 것이 아니다. '아침형 인간'은 집중이 잘되는 자신만의 시간을 찾으면 되고 '저녁형 인간'도 마찬가지다. 자신만의 집중 시간대를 찾아 무엇인가 열정을 태우면 그만이다. 나는 몇 달은 아침형 인간으로 또 몇 달은 저녁형 인간으로 살아간다. 습관적으로 새벽에 일어나 집중하던 독서가 몇 달은 전혀 불가능할 때가 있다. 그때는 오지 않는 잠을 억지로 청하지 않고 밤 시간을 이용해 독서를 한다. 몇 달을 올빼미처럼 지내다 닭처럼 새벽을 깨울 때가 있다. 그때는 다시 새벽을 이용해 독서를 시작한다.

자신만의 시간대를 찾으면 독서는 쉬워진다. 대신 누구와도 접촉이 없는 새벽이나 밤을 이용해야 한다. 모두가 잠들어 있는 시간에 독서의 집중도가 높아진다. 아무리 노력해도 새벽 시간이 맞지 않는 사람이 있다. 한창 '미라클 모닝'이 유행했을 때 너도 나도 새벽을 깨웠지만 며칠 만에 실패했다는 경우도 있다. 이는 실패가 아니라 자신과 맞지 않은 것뿐이다. 모닝을 과감히 포기하고 '미라클 나이트'를 경험하면 된다. 새벽과 밤은 이름을 붙여 나눴을 뿐이지 어찌 보면 밤이 새벽이고 새벽이 밤이다. 잠이 안 오면 밤에 읽으면 되고 잘 자고 일찍 깨면 새벽에 읽으면 된다. 자신만의 고요한 독서 시간을 찾으면 '미라클 독서'가 시작된다.

매일 새벽 독서를 외치는 이가 있다. 한스컨설팅 한근태 대표다. 39세에 대우자동차 최연소 이사가 되었고 지금은 경영컨설턴트로 기업들에 자문을 해주고 있다. 3000번이 넘는 강의와 CEO 수백 명에게 경영 코치를 하며 인생에 큰 힘을 주고 있다. 지금까지 70여 권의 책을 출간하고 독자들에게 깨달음과 가르침을 전달한다. 한 대표는 다방면으로 강의를 하고 책을 쓴다. 뇌, 몸, 기업, 회사, 면접, 한자, 공부, 재정, 인간관계, 커뮤니케이션 등 아주 다양하다. 이것이 가능한 이유는 그의 독서력이다. 하루도 쉬지 않고 매일 새벽을 깨우는 그의 독서력 덕분에 지식, 지혜의 최고봉에 올라와 있다.

한근태 내표는 유듀브 채널 'STUDIAN'에서 이렇게 말했다.

"나는 새벽에만 열심히 일합니다. 매일 아침 4시에 일어나서 한 5시간 정도만 일하고 나머지는 열심히 일하지 않습니다. 그런데 왜 성과가 날까요? 일단 시간의 품질이 좋아요. 머리가 맑고 아무런 방해가 없거든요. 새벽 4시에 저한테 전화해서 술 한잔하자고 하는 사람 없어요. 변수가 없잖아요. 굉장히 고급적인 시간에 굉장히 집중적인 일을 매일 휴일 없이 5시간씩 일하면 성과가 나요. 자는 거는 8시 반에서 9시, 일어나는 거는 3시 반에서 4시. 항상 아침에는 글을 쓰거나 책을 읽거나 지적인 일을 합니다."

자투리 시간은 한 대표에게 크게 무의미하다. 많은 성과를 낼 수 있는 최고 품질의 시간인 새벽에만 집중력을 발휘한다. 독서 고수들은 하루 중 누구에게도 방해받지 않는 시간을 찾아 습관적으로 독서한다. 그 시간이 밤이고 새벽이다. 이 시간은 마치 생수의 근원 같다. 남몰래 매일 우물 깊은 곳에서 맑고 깊은 생수를 떠서 마시는 행위이다. 밤과 새벽은 아무에게도 방해받지 않는 나만의 경건하고 거룩하고 깊은 시간이다. 이 시간을 거쳐야 새로운 것들이 창출되고 나만의 특별함이 연출된다. 선조들은 자식들을 위해 물을 떠다놓고 간절히 '비나이다, 비나이다'를 외쳤다. 그 시간이 밤이고 새벽이다.

밤과 새벽은 신이 움직이고 우주가 움직이는 시간이다. 많은 종교에 새벽기도와 철야기도가 있다. 신도들은 삶의 문제가 있을 때마다 그 시간에 나와 열심히 부르짖는다. 그때 하루가 나를 위해 존재하는 것 같다. 하루하루 삶의 질이 달라진다. 신이 나를 보호해 주고 나만 바라봐 주는 것 같다. 매일 새벽예배 혹은 철야예배를 드릴 때 삶의 예배가 가능해진다. 마찬가지로 매일 밤과 새벽 시간에 독서를 할 때 삶의 독서가 가능해진다. 자투리 시간에도 독서가 가능하려면 밤과 새벽을 깨워 독서의 기운을 흘러넘치게 해야 한다. 한 대표처럼 세상의 많은 것들에게 영향을 미치려면 밤과 새벽에 독서 능력을 받아야 한다. 독서가 예배이고 예배가 독서이다.

"위대한 성과는 갑작스러운 충동에 의해 이루어지는 것이 아니라, 여러 작은 일들의 연속으로 이루어지는 것이다." 영국 소설가 조지 엘리엇의 말이다. 밤과 새벽의 연속된 독서가 내 삶의 위대한 성과를 이뤄낼 것이다. 누군가는 하지만 아무나 할 수 없는 밤과 새벽 독서를 실행할 때 세상의 1%가 된다. 신과 대화하는 영역은 밤과 새벽이다. 모두 잠들어 있는 그 시간을 깨워 독서하는 것은 저자와 나의 만남이면서 신과 만나는 시간이다. 밤과 새벽 독서는 '오는' 것이 아닌 내가 '만드는' 것이다. 하루에 딱 1시간만 깨워 1년 365시간을 벌어보자. 우리에겐 반드시 밤과 새벽이 필요한 진지한 날들이 찾아온다. 책을 들고 깨어 일어나라.

"사람의 모든 고통은 혼자 조용히 방에서
지낼 능력이 없기 때문에 생긴다."

- 파스칼

독서 모임,

함께 읽으면
외롭지 않다

인간은 공동체에 속해 타인과 관계를 맺고 살아가는 사회적 동물이다. 세상이 돌아가는 것은 사회적 동물들이 꼭 실천할 '의무'를 지켰기 때문이다. 무엇이든 의무화하면 습관적으로 곧잘 하게 된다. 책을 잘 읽는 방법은 독서를 의무화하는 것이다. 바로 '독서 모임'이다. 혼자 읽는 것보다 함께하는 독서 모임이 책을 의무적으로 읽게 해준다. 성장하면서 부모의 속박이 있어야 어긋나지 않고 잘 자란다. 어느 정도 자라날 때까지 자유보다 일정 기간 강압적인 힘이 필요하다. 독서 모임이라는 속박이 책 읽기의 성장을 도모한다. 독서가 막막하고 내 의지로 안 될 때 남의 의지를 빌리면 책 읽기는 쉬워진다. 독서 모임은 독서의 해방을 가져온다.

내 인생에서 독서 혁명의 시작점은 두 가지다. 첫째는 속독학원에서의 책 읽기 훈련이다. 첫 장부터 마지막 장까지 하루 100권 넘는 책을 훑어본 것이 책 읽기의 두려움을 없애주었다. 두 번째는 독서 모임에서의 나눔이었다. 내가 알고 있는 내용이 타인에 의해 다르게 해석되면서 나만이 정답이 아닌 것을 깨달았다. 정답에 가까워지려고 책을 깊게 읽고 관련 주제가 있는 또 다른 책을 찾아 읽게 되었다. 무엇보다 독서 모임이 좋은 것은 고집불통인 사람보단 생각이 유연한 사람이 많다는 것에 있다. 좋은 사람들을 만날 확률이 다른 모임보다 훨씬 많다. 서로 다과를 나누면서 한 사람 한 사람 자신의 생각을 나눌 때 친분과 지식이 확장되었다.

속독학원 이후 독서 모임을 통해 두 번째 성장을 이루면서 '같이 가치'의 힘을 발견했다. 이 힘을 알고 한 달에 최소 3군데 이상의 독서 모임에 참석했다. 대부분 나의 주도하에 진행되었고 모임의 형식은 다양했다. 토의 토론이 아닌 '나눔'의 성격으로 누가 누구를 가르치는 것을 금지했다. 책에서 자신이 밑줄 친 부분과 적용할 것들을 나누고 밑줄 친 부분을 소리 내서 읽게 했다. 어떤 모임에서는 한 주제를 정하면 그와 관련된 책을 찾아 읽고 한 사람당 10분 정도 나누었다. 한 책으로 한 달에 4번 모일 때마다 침묵으로 또는 낭독으로 온전히 읽기만 하는 모임도 있었다. 어떤 형식을 취하든 독서 모임은 한 사람 한 사람에게 성장을 가져다 주었다.

학교 후배가 말투로 고민하고 있을 때 일방적인 가르침보단 말투 책을 읽고 이야기를 나누었다. 그 자체가 독서 모임이 된 것이다. 딱 3번을 만나고 나눴을 뿐인데 후배의 말투는 상상 이상으로 좋아졌다. 후배의 여자 친구는 독서 모임으로 변한 남자 친구의 모습을 보며 도전을 받아 모임에 합류했다. 독서 모임이라고 어렵게 생각할 필요 없다. 거창하게 만들 필요도 없다. 단순하게 서로 책을 읽고 느낀 점들을 나누면 그만이다. 다 읽지 않아도 느낌이 오는 문장 한두 개를 찾았으면 합격이다. 인원수가 적으면 적은 대로 장점이 있고 많으면 많을수록 좋은 점이 있다. 내가 운영을 해보고 참석도 해보니 적은 인원수(2~3명)가 독서 모임에 적합했다.

지금도 누군가와 만날 때 자연스럽게 독서 모임이 된다. 만나기 전 책 한 권을 추천해서 읽게 하고 느낀 점들을 서로 나눈다. 불필요한 얘기는 피하고 가급적 책에 관한 수많은 내용을 주제로 삼는다. 독서 모임이 내게 혁명을 주었듯 누군가에게 나비효과처럼 혁명을 주고자 습관처럼 하고 있다. 독서 모임은 만날수록 신선하고 유익하다. 지루하지 않고 매번 깨달음의 시간을 선사해 준다. 어떤 편견에 사로잡히지 않고 자신을 객관화하며 자기를 성찰시킨다. 개인운동보단 단체운동이 더 힘이 난다. 고수들을 만나 빨리 성장할 수 있다. 독서가 어려울 때 독서 모임을 시작하자. 모임의 강제성이 독서할 수밖에 없는 환경을 만들어 준다.

미국 MIT 대학의 사회심리학자 레윈 박사는 '학습 피라미드'를 연구해 발표했다. 학습 피라미드는 정보가 얼마만큼 두뇌에 기억되는지 학습별로 나타낸 이론이다. 우선 실험 참가자에게 외부 정보를 여러 가지 방법으로 공부하게 했다. 24시간 후 기억에 얼마만큼 남아 있는지 실험 결과가 나왔다. 강의 5%, 읽기 10%, 시청각 20%, 견학·시범 30%로 수동적이고 주입식으로 공부한 학습 방법이다. 그다음으로 집단 토론 50%, 실천·체험 75%, 가르치기 90%로 능동적이고 참여적 학습 방법이다. 실험에서 알 수 있듯 최고의 학습 효과이자 암기법은 내가 아는 것을 남에게 가르쳐보는 것이다. 가르치며 학습할 때 90%가 기억에 남는다.

참여적 학습 방법의 대표적인 예로 유대인의 전통적인 교육법 '하브루타(havruta)'가 있다. '동반자', '동료', '우정'을 뜻하는 하브루타는 짝을 이루어 질문하고 토론하고 서로 가르친다. 내가 깨달은 가장 좋은 방법은 직접 말로 설명하는 시끄럽고 소란스러운 공부법이다. 내가 알고 있는 것이 정답이든 오답이든 일단 말하고 본다. 그만큼 자신의 생각을 자유롭게 말할 수 있는 분위기가 형성되어 있다. 공부는 조용히 해야 한다는 사람들에겐 낯설고 불편할 수 있지만 한 발짝 더 나아가야 한다. 조용히 따로 공부하되, 공부한 것을 잊지 않고 확실히 하기 위해서 모임을 통해 말해야 한다. 실험을 통해 확인되었듯 최고의 학습법은 말해 보는 것이다. 가르치는 것이다.

 짝을 짓고 학습한 것을 질문하고 논쟁하는 하브루타식 학습법은 세계의 리더를 만들어 낸다. 전 세계 0.2%밖에 안 되는 유대인이 노벨상 수상자 22%를 차지한다. 세계를 움직이는 엘리트들이 거의 유대인이고 부의 흐름 중심에는 유대인이 있다. 우리가 알 만한 빌 게이츠, 저커버그, 워런 버핏, 스티브 잡스, 스필버그 등 대부분이 유대인이다. 세계 최강이라는 미국의 경제, 정치, 예술, 언론을 장악하는 이들이 유대인이다. 왜 그럴까? 답은 하브루타 방식에 있다. 하브루타를 통해 '말하기', '기억', '사고', '사교'가 발달하니 세상에 두각을 나타낼 수밖에 없다.

 유대인에게 하브루타가 있다면 우리에겐 독서 모임이 있다. 책 읽기가 힘들 때 책 읽기를 효과적으로 하고 싶을 때 작지만 강한 독서 모임에 참석해 보자. 유대인들은 500권을 읽으면 500번 토론을 하고 1000권을 읽으면 1000번의 토론을 한다. 몇 권을 읽든지 읽은 책은 무조건 모임에 가져가 비교분석하고 가르쳐보는 것이다. 모임이 꺼려진다면 내가 오늘 읽은 1권에 대해 친구나 가족에게 말해보는 것이다. 거기서부터 하브루타 독서 모임이 시작된다. '모임 할 시간에 집에서 책 한 권 더 읽지'라며 독서 모임을 가볍게 생각할 수도 있다. 그때 잊지 말아야 한다. 읽고 가르칠 때 가장 기억에 많이 남고 하브루타를 통해 세계의 인재들이 나온다는 것을.

특별한 독서 모임을 하는 분이 있다. 나와 오랫동안 알고 지내온 '민호' 형이다. 오랫동안 신문배달과 대리운전을 하면서 어려운 이들을 항상 돕고 있다. 가난한 친구, 방황하는 친구, 장애 입은 친구들을 도와주며 자연스레 독서 모임으로 연결시킨다. 민호 형에게 도움받은 것에 비하면 독서 모임은 아무것도 아니기에 이들은 쉽게 동참한다. 변화는 그때부터 일어난다. 가난한 친구가 책을 통해 지식을 얻고 기술을 공부하면서 높은 연봉을 받기 시작한다. 방황하는 친구가 길을 재정비한다. 장애를 가진 친구가 삶의 자세를 바꾸고 희망찬 내일을 살아간다. 이들이 변한 것은 책을 통해 자신을 발견하고 모임에서 자기주장을 표현한 덕분이다.

민호 형의 독서 모임은 전혀 특별하지 않다. 책을 읽어오는 형식도 없다. 집에 누워서 대화하다가 들에서 뛰놀고 강에서 걷다가 단지 본인이 읽은 책을 펼치기 시작한다. 상대방에게 좋은 문장을 노출시켜 생각을 하게 한다. "이 내용 어떤 거 같아요?" "문장이 참 신선하지 않아요?" "이 부분은 아직도 이해가 안 되네요." "이 글대로 살아봤는데 진짜 되더라고요." 가르치는 것이 아닌 상대와 동등한 입장에서 질문하고 대화한다. 몇 번의 만남에 뭔가 변화의 느낌을 감지한 친구들은 책을 구입하고 독서 모임에 깊이 참여한다. 나도 수혜를 입은 한 명이다. 나는 모임을 통해 눈을 떠 늦게라도 대학에 진학했고 독서 모임의 주최자가 되었다.

누구나 독서 모임을 만들고 이끌어 나갈 수 있다. 어떤 형식에 얽매이지 않고 그저 하면 된다. 학습 피라미드에서 봤듯이 지식을 나누고 가르칠 때 더 많은 것을 기억하고 공부하게 된다. 독서 모임에 나가는 것도 중요하지만 독서 모임의 중요성을 알고 있는 내가 먼저 해보는 것이다. 처음부터 독서 모임의 주최자로 시작해 보는 것이다. 수많은 독서법 책은 전부 독서 모임에 참여하라고 말하지만 나는 다르게 말하고 싶다. 독서 모임을 만들어 보라고. 용의 꼬리에 붙지 말고 처음부터 뱀의 머리로 시작해 보라. 독서이 시야가 바뀌고 말의 능력과 사고력, 사교력이 점점 좋아진다. 소극적인 독서가에서 적극적인 독서가로 변화된다. 뱀에서 용으로 진화한다.

　지금도 민호 형의 독서 모임을 통해 사람들은 변화되고 있다. 무엇보다 가르침을 주는 민호 형 자신이 지식적으로 경제적으로 엄청난 성장을 이루었다. 얼마 전 프랜차이즈 창업박람회에 참석했다. 여러 부스를 돌아보는 중 유독 계약이 잘 성사되고 분위기가 활기찬 업체들이 있었다. 사람들이 줄을 서서 기다리기도 했다. 알고 보니 자기 제품을 마음껏 시식하게 해주는 업체였다. 아무런 시식도 없고 멀뚱멀뚱 서 있기만 한 업체는 사람들이 무관심했다. 맛을 공유하는 것 이것이 독서 모임이다. 다양한 지식의 맛을 주는 독서 모임에 사람들이 몰려오고 주최자, 참여자 모두가 승자가 된다. 아주 평범한 사람조차도 독서 모임 시스템에 들어올 때 비범한 사람으로 변화된다.

　병원을 갈 때는 세 군데 이상을 가라고 한다. 병에 대한 다양한 관점을 알 수 있고 더 빠르고 정확하게 치료할 수 있다. 건강한 독서는 나 혼자 깨닫고 덮는 것이 아닌 다양한 사람들의 깨달음이 뒤섞여야 한다. 내 관점과 타인의 관점이 투입된 책이야말로 온전하고 비로소 완전히 덮을 수 있다. 내 의지가 약할 때 모임을 통해 남의 의지를 빌려오면 쉽게 독서에 몰입된다. 한두 페이지에 머물렀던 독서가 한 권을 통째로 삼키는 독서로 바뀌어 있을 것이다. 힘이 안 날 때 '흥'을 불러오면 저절로 힘이 솟는다. 독서 모임은 '흥'을 불어넣는 시간이다. 독서 모임을 만들어 보자. 이끄는 사람이 더 많이 배우고 깨닫는다. 용의 꼬리보단 뱀의 머리로 시작하자.

★　★　★

"같은 책을 읽은 다른 사람들과 어울릴 때,
책 읽기의 기쁨은 두 배가 된다."

− 캐서린 맨스필드

PART 4

어떻게
읽을까
Ⅲ

낭독은 문장을 살아 있게 만든다. 움직이지 않는 문장을 입의 기운으로 움직일 때 나와 남에게 의미 있고 특별한 문장이 된다. 독서가 지루하거나 어려운 것은 문장들이 나에게 다가오지 않았기 때문이다. 읽어도 기억에 없는 것은 글이 움직이지 않았기 때문이다. 해결 방안은 낭독에 있다.

낭독,
소리 내서 읽기

　눈으로 독서하는 자체만으로도 그 사람은 충분히 훌륭하다. 대부분이 책을 멀리하는 문화 속에서 책을 가까이 한다는 것은 의식 상위 1%에 속한 것이다. 하지만 책을 읽는 1%의 사람도 고민이 있다. 한 번 읽은 책이 기억에 남지 않고 어느 때는 지루하다. 이렇게 읽을 바에야 차라리 읽지 말까라는 생각도 한다. 이때 필요한 독서 기술이 바로 '낭독'이다. 낭독은 책을 소리 내어 읽는 방법이다. 낭독은 지루할 틈을 주지 않는다. 낭독은 읽는 책의 내용을 살아 있게 만들고 기억나게 만드는 힘이 있다. 한 번 읽었지만 두세 번 읽은 효과를 나타낸다. 독서가 힘들 때 눈으로만 읽지 말고 낭독으로 소리 내어 읽어보자. 낭독은 나를 책의 주인공으로 만들어 준다.

나는 사람들 앞에서 발표하고 글 읽는 것을 매우 부끄러워했다. 신학교를 입학하고 몇 달이 지나지 않아 교회에 전도사로 부임했다. 처음 하는 사역이라 교인 한두 명이 있는 개척교회에 가고 싶었지만 뜻대로 되지 않았다. 몇백 명의 교인들이 초롱초롱하고 맑은 눈빛으로 내 설교를 기다리고 있었다. 가장 부담되고 하기 싫었던 설교지만 전도사는 늘 설교가 준비되어 있어야 한다. 선배들 말로는 A4용지 10장을 준비해야 설교가 죽이 되든지 밥이 되든지 어떻게든 나온다고 했다. 지식이 없는 데다가 교인들에게 은혜를 줘야 한다는 생각에 잠도 못 자고 설교를 준비했다. 10장의 설교문을 작성하고 당당하게 강단에 섰다.

　태어나서 사람들의 무섭고 뜨거운 눈초리를 받기는 처음이었다. 10장의 설교문은 죽이 되어 교인들에게 폐를 끼치게 되었다. 분명 아는 내용을 적고 말했지만 눈은 앞을 못 보고 입은 얼어붙었다. "왜 아무 경험도 없는 전도사를 데려왔냐?" "설교를 그렇게 해서 먹고살겠냐?" 등의 비판 섞인 목소리가 나왔다. 다음 주의 공포스러운 설교가 기다리고 있기에 설교를 잘하는 선배를 찾아갔다. 선배는 단호하게 말했다. "설교를 작성하고 10번 소리 내어 낭독해 봐. 설교가 쉬워질 거야." 학교 수업은 뒤로 제쳐두고 설교문을 작성하고 일주일 동안 20번 가까이 낭독을 했다. 설교 시간이 다가왔고 10장의 설교문을 전부 외워 설교를 성공적으로 해낼 수 있었다.

이후 7년 동안을 설교문이 작성되면 아무도 없는 곳에서 낭독으로 읽고 설교에 임했다. 설교를 맛있게 잘한다는 칭찬은 일상이 되었다. 화장실에서 낭독으로 연습하다가 설교문을 못 가져갈 때도 당당하게 설교를 할 수 있었다. 전도사 후배들이 설교 잘하는 방법을 물을 때 똑같이 한마디만 해주었다. "낭독으로 10번 읽고 시작해." 그렇다. 낭독은 글을 눈으로 읽을 때와 다르게, 머리가 아닌 마음으로 저장하고 글을 살아 숨 쉬게 해준다. 낭독을 하면 언어에 힘이 실리고 말할 때도 당당하고 자신감 있게 해준다. 외우려고 하지 않아도 저절로 암기가 된다. 연기자나 아나운서들도 카메라가 켜지기 전까지 대본을 여러 번 낭독하고 시작한다.

낭독은 문장을 살아 있게 만든다. 움직이지 않는 문장을 입의 기운으로 움직일 때 나와 남에게 의미 있고 특별한 문장이 된다. 독서가 지루하거나 어려운 것은 문장들이 나에게 다가오지 않았기 때문이다. 읽어도 기억에 없는 것은 글이 움직이지 않았기 때문이다. 해결 방안은 낭독에 있다. 나는 책 읽기가 지루하고 어려울 때 무조건 낭독한다. 그때마다 정신이 살아나고 책이 살아나고 저절로 암기가 된다. 글이 말을 걸어온다. 가수들은 자기가 부른 가사처럼 인생을 사는데 가사를 수천 번 불러 삶이 글의 영향을 받을 것이다. 낭독은 글을 익숙하게 만든다. 익숙해지면 친숙해지고 친숙해지면 이해된다. 이해된 것은 온몸으로 스며든다. 한마디로 독서가 아주 쉬워진다.

낭독이 암기에 효과적이라는 실험이 있다. 캐나다 워털루 대학 콜린 맥클라우드 심리학 교수는 어떤 방법이 기억에 가장 효과적인가를 실험했다. 우선 95명의 참가자들을 네 그룹으로 나누어 기억력 테스트를 진행했다. 첫 번째 그룹에는 문자를 눈으로만 읽게 했다. 두 번째 그룹에는 상대방이 읽어주는 문자를 귀로 듣게 했다. 세 번째 그룹에는 2주 전 자신이 읽고 녹음한 테이프를 듣게 했다. 마지막 네 번째 그룹에는 문자를 직접 큰 소리를 내서 낭독하게 했다. 실험 결과 눈으로 읽은 그룹은 65%를 암기했고, 듣기만 한 그룹은 69%를 암기했다. 자신이 녹음한 목소리를 들은 그룹은 74%를 암기했고, 큰 소리로 낭독한 그룹은 77%를 암기했다.

낭독이 뇌를 활성화시킨다는 실험도 있다. 일본 토호쿠 대학의 카와시마 류타 교수는 어떤 방법이 뇌를 가장 많이 활성화시키는지 실험했다. 우선 51명의 아이들을 네 팀으로 나누었다. 첫 번째 팀은 게임에 몰두하게 했다. 두 번째 팀은 단순한 계산을 반복하여 풀게 했다. 세 번째 팀은 책을 눈으로만 읽게 했다. 네 번째 팀은 책을 소리 내서 읽게 했다. 아이들이 실험에 참여하는 동안 MRI로 각자 뇌의 활성화 정도를 촬영했다. 실험 결과 뇌가 가장 활성화될 때는 낭독할 때였다. 낭독할 때 뇌의 20~30%가 활성화되었다. 뇌의 혈류량이 증가하였고 뇌신경세포 70% 이상이 활발하게 움직였다.

연구자 콜린 맥클라우드 교수는 이렇게 말했다. "어떤 단어에 행동적 요소가 가해지면 장기기억에 보다 뚜렷이 저장돼 기억이 더 잘된다. 특히 공부할 때 스스로의 적극적인 개입이 있어야 더 효과적이기 때문에 중요한 내용일수록 큰 소리로 읽는 것이 도움이 된다." 낭독은 잠자고 있는 단어를 깨워 일으켜 세우는 행위이다. 행동적 요소 즉 단어에 사건을 일으키는 것이다. 잠자는 글을 눈으로 훑고 지나치는 것이 아닌 눈과 귀, 입을 사용해 글을 깨워준다. 어떤 사건을 접하면 잊지 못하는 것처럼 낭독은 평생 잊지 못할 사건을 만드는 것이다. 사건은 체험이다. 직접체험은 절대 잊지 못한다. 글을 오랫동안 기억하고 싶다면 낭독에 중점을 두어라.

그냥 눈으로 책을 읽는 것은 약간의 뇌를 사용할 뿐이다. 뇌를 풀가동시키려면 눈과 귀와 입을 쓰는 것이다. 눈으로 글을 따라가고 입으로 글을 낭독하고 귀로 낭독한 글을 듣게 된다. 눈으로 읽는 묵독보다 더 많은 집중력이 필요하기 때문에 이해력이 빨라지고 깊어진다. 트로이의 유적지를 발견한 고고학자 하인리히 슐리만은 14개의 언어를 습득한 천재다. 그의 언어 습득 방법은 낭독이었다. 배우고 싶은 언어의 소설책을 구매해 첫 장부터 끝 장까지 낭독으로 외운 것이다. 언어 하나하나를 따라가기 위해 눈과 귀와 입이 합세해 뇌에 동시다발적인 자극을 가한 것이다. 뇌 훈련 방법의 사령탑은 낭독이다. 낭독은 뇌를 활성화시키고 기억을 찾아준다.

1951년 일본의 나다 중학교에 국어 교사 '하시모토 다케시'가 부임했다. 이 선생님의 수업 방식은 기존 일본 중학교의 수업 방식과는 완전히 달랐다. 흔히 수업할 때 쓰는 교과서는 학년별로 나뉘어 있다. 하지만 하시모토는 소설책 『은수저』 딱 한 권만을 졸업할 때까지 교재로 삼았다. 책 한 권으로 무엇을 배우나 싶지만 하시모토에게 배운 학생들은 영향력 있게 자랐다. 명문대학에 입학하고 유명 소설가, 방송인, 법조인, 정계·재계의 큰 인물들이 되었다. 그 원인은 책 한 권을 제대로 볼 줄 아는 엄청난 힘에 있다. 단순히 암기시키는 주입식 교육이 아니다. 스스로 생각하게 하고 표현하게 하고 직접 찾아서 읽게 하는 주도적 공부법이다.

하시모토의 공부 방법을 이름하여 '슬로리딩'이라고 부른다. 책 한 권을 제대로 천천히 단어 하나까지도 세세하게 파악하는 것을 목표로 한다. 이 슬로리딩의 바탕이자 핵심은 바로 '낭독'이다. 글을 소리 내어 읽게 함으로써 학생들이 더 집중하게 된다. 몸으로 읽은 덕분에 잊어버리지 않게 된다. 슬로리딩은 책을 천천히 낭독으로 읽히고 여러 활동에 참여하게 한다. 그것을 곁가지 수업이라고 하는데 이를테면 이렇다. 한 주제에 대한 감상문 쓰기, 책 내용을 직접 체험·관찰·조사하기, 내용 토론하기, 어느 문장은 외우기, 생소한 단어 사전 찾기, 읽은 내용 그림으로 표현하기, 책 내용과 관련된 다른 책 읽기 등이 곁가지 수업이다.

낭독을 통해 책 내용을 전부 살려놓은 덕분에 관련 학습들을 이어갈 수 있는 것이다. 하시모토 선생이 나다 중학교에 부임하고 변화가 일어난 이유는 무엇일까? 단지 책을 천천히 읽은 것일까? 한 책만 몇 년을 읽힌 덕분일까? 여러 체험학습 때문일까? 변화의 중심에 '낭독'이 있었기에 가능했다. 우리가 생각하는 교과서 독서는 집에서 혼자 해오는 것으로 학교는 크게 개의치 않는다. 오직 주입식으로 가르치고 시험 성적으로 평가하면 그만이다. 하시모토는 달랐다. 교실 안에서 한 명도 빠짐없이 소리 내어 함께 읽게 한 것이다. 그는 늘 말한다. "책에 흥미를 느끼고 빠지려면 '주인공'이 되어서 읽어야 한다." 낭독이 그 주인공을 만들어 준다.

책 읽기에 흥미가 없고 어려워하는 친구들에게 나도 해왔던 방법이 이것이다. 책 속 주인공이 되어 함께 읽어주는 것이다. 서로 한 줄씩 나눠 읽기, 한 문장씩 읽기, 반 페이지씩 읽거나 한 페이지씩 읽기, 내용은 내가 읽고 대화식은 아이가 읽는 방법 등 함께 읽는 방법은 다양하다. 동화, 소설, 인문, 자기계발, 만화 어떤 분야도 괜찮다. 책의 저자가 되어 읽어보고 인물들이 되어 읽어보면 한 권의 책이 생동감 있게 살아난다. 누구나 주인공이 되면 관심을 가지고 집중하게 되는데 낭독은 읽는 모두를 책의 주인공으로 만든다. 하시모토의 슬로리딩 성공 방식은 낭독에 있다. 눈으로 읽는 주입식 인풋 독서보다 기억과 집중에 좋은 아웃풋 독서 낭독을 해보자.

지금 책을 읽고 있는 당신은 세상의 1%다. 여기에 낭독까지 더하면 0.01%가 된다. 남들보다 더 집중하고 더 기억나게 하는 방법은 소리 내어 읽는 것이다. 물론 책을 처음부터 끝까지 소리 내어 읽을 수는 없다. 정말 중요하고 내게 꼭 필요한 부분들만이라도 독수리의 눈으로 찾아 낭독으로 읽으면 된다. 낭독은 기록된 글을 내 입과 귀와 심장으로 끄집어내는 행위이다. 책 한 권을 전부 심장에 담고 싶다면 모든 글을 소리 내서 불러내라. 한 번 읽은 책은 잊어먹기 쉽다. 낭독으로 읽은 책은 한 번 읽어도 쉽게 잊어버리지 않는다. 영화에서 주연은 조연보다 대사가 더 많다. 책의 주인공이 되고 싶다면 오늘부터 더 많이 소리 내어 읽어보자.

★　★　★

"큰 소리로 책을 읽으면 어휘에 대해
아는 것과 모르는 것이 금방 드러난다."

– 아이린 파운타스

속청,
빨리 듣기

학교 수업 교재, 자격증 수험서, 자기계발서 등 삶에 필요한 교양서 모두 책으로 되어 있다. 책을 가까이하면 세상을 조금 더 편하게 살아갈 수 있다. 그럼에도 책 읽기는 생각처럼 쉽지 않다. 읽지 못하는 이런저런 사연들과 이유가 난무할 뿐이다. 여기 좋은 방법이 있다. 바로 '속청'이다. 속청은 '빨리 듣기'를 말한다. 빨리 들으면 감각성 언어중추 곧 뇌의 '베르니케 중추'가 활성화된다. 베르니케 중추가 움직이지 않으면 언어의 의미를 이해하기 어렵다. 이는 글 읽기를 멀리하게 만드는 원인이다. 핵심은 베르니케 중추에 있다. 속청을 통해 이곳을 자극시켜 주면 글의 이해가 쉬워지고 책을 가까이한다. 속청은 '저절로' 뇌기능이 활성화되는 마법의 도구다.

"귀의 문제는 단순히 소리가 들린다 안 들린다가 아니라,
뇌의 활동이나 면역부터 신체감각에 이르기까지
다양한 문제를 일으킵니다."

– 시노하라 요시토시

10년 전 제대로 책 읽기를 시작했을 때부터 지금껏 책에 대한 두려움은 한 번도 없었다. 오히려 하루라도 책을 읽지 않으면 정신에 영양실조가 걸려 잘못될 거라는 두려움이 컸다. 나를 책 앞으로 설 수 있게 해주었고 두려움을 없애준 도구가 바로 '속청'이다. 서울 종로에서 한참 속독에 빠져 있을 때 매일 서점여행을 다녔다. 그때 만난 책이 다나카 다카아키의『속청이 잠자는 뇌를 깨운다』,『속청이 기적을 부른다』였다. 천재가 되고 싶어 열정적으로 속독을 배우던 시기였다. 머리에 좋다는 것은 무엇이든 시도했다. 속독은 시각, 호흡, 자세 등 훈련할 것이 많아 불편했다. 속청은 그저 듣고만 있으면 된다 하니 책을 사 들고 바로 실험에 들어갔다.

미디어 플레이어에 여러 강의와 영어 자료를 다운받았다. 속독 원생들 중에 이미 속청을 하고 있는 고수들에게 많은 자료를 빌렸다. 매일 새벽 1.5배속으로 성공 확신 강의와 영어 강의를 속청했다. 1.5배속은 처음 하는 사람도 누구나 들을 수 있는 속도다. 학원에서 오전 속독 훈련이 끝나면 점심을 먹으면서 2배속으로 오디오북을 들었다. 그때 몇 개월 동안 이시형 박사의 책『공부하는 독종이 살아남는다』를 속청으로 들었다. 이 책은 공부에 관해서 지금도 잊지 못할 책이다. 학원이 끝나면 서점에 가고 집에 가는 동안 어린이 동화를 2.5배속으로 들었다. 저녁에는 영화를

2배속으로 시청해 보고 취침 전까지는 성경을 다시 2.5배속으로 속청했다.

2배속은 조금만 집중하면 들리는데 2.5배속이 넘어가면서 머리가 아프기 시작했다. 속청 책에서는 2.7배속부터 잠자던 뇌신경 세포가 깨어난다고 한다. 몇 주가 지나 2.7배속이 들리기 시작했고 이때부터 신기한 일이 나타났다. 사람들과 대화하는데 빠르게 말하면서도 명확하게 말하고 있었다. 상대의 말은 천천히 들리고 심지어 그다음 어떤 말을 꺼낼지 예측까지 됐다. 걸음이 빨라지고 주위 사람들의 대화가 들리고 길거리 간판의 글들이 눈에 모조리 들어왔다. 더 신기한 것은 매일 100권을 훑어보았다면 속청하면서는 200권까지 훑어보게 되었다는 것이다. 여기서 끝이 아니다. 몇 달을 3시간만 자고 새벽에 정독으로 책을 한 권씩 읽는 기적이 일어났다.

속청을 3배속 이상 듣게 되면서 세상 모든 책을 신중하게 펴고 싶은 욕망이 생겼다. 속독은 말 그대로 허구다. 절대로 1~10분 안에 책 한 권의 모든 내용을 이해하면서 읽기는 불가능하다. 대략적인 내용도 파악하기 힘들고 좋은 문장 서너 개를 건질 뿐이다. 속독은 책을 완전히 이해하기보단 대충이라도 책을 처음부터 끝까지 보는 담대함을 심어준다. 속청을 제대로 하면서부터 글과 친숙해졌고 책을 사랑하게 되었다. 뇌는 평생 발달하는데 혼자 힘으로는 발달하지 않는다. 무언가의 도움을 받아야 한다. 그 도움에는 독서가 있지만 그 독서 또한 만만치 않다. 독서를 도와주고 뇌의 발달을 도와주는 것은 속청이다. 나는 속청을 통해서 '독서'와 '뇌'를 살렸다.

속청에 대한 TV 프로그램을 본 적이 있다. 제작진은 과학적으로 속청의 효과를 밝혀보기 위해 '연세 PET검진센터'를 찾았다. 속청할 때와 하지 않을 때의 두뇌 변화가 어떻게 다른지 관찰해보기로 했다. 생화학적 변화를 3차원으로 영상화하는 기술인 '양전자 단층촬영'으로 측정했다. 먼저 속청을 6개월 수련한 실험 참여자에게 오디오북을 들려주었다. 첫째 날은 보통 속도인 1.0배속으로 들려주고 둘째 날은 빠른 속도인 3배속으로 들려주었다. 실험 결과 첫째 날보다 3배속으로 들은 둘째 날 뇌의 인지 활동이 10% 정도 상승한 것으로 나왔다.

실험을 주도했던 노기서 원장은 실험 비교 분석 후 이런 말을 했다. "속청을 했을 때가 오히려 정상적인 테이프를 들었을 때보다 뇌 대사활동이 전반적으로 활성화된 것을 알 수 있다. 들을 때는 단순히 청각을 담당하는 중추만 반응하지 않는다. 들은 말이 무엇인지를 기억 속에서 끄집어내야 한다. 그 말을 어떻게 반응해서 이해할 것인가 하는 인지를 담당하는 전두엽 쪽도 반응할 것이다. 듣는 과정 자체가 단순한 듣기에 대한 뇌의 기능이 아니다. 복합적인 뇌의 기능이 동원이 돼서 뇌를 활성화시키고 뇌의 대사활동을 높인다."

사고력, 이해력, 창의력, 문제해결력, 고차원적 정신활동 모두 인지능력에서 나온다. 인지능력이 상승하면 사회에 필요한 사람이 되고 세상을 움직이는 리더가 된다. 우리는 모두 그런 사람을 꿈꾸고 노력한다. 인지능력은 전두엽을 활성화시킬 때 높일 수 있는데 대표적인 전두엽 훈련법은 독서다. 하지만 독서는 일반인은 물론 독서를 하고 있는 사람조차도 어느 때는 귀찮고 힘들다. 책을 펴고 글 하나 하나에 집중하고 밑줄을 치고 글을 쓰고 사색을 하고 할 일이 많다. 인지능력이 상승하기 위해서 이 정도쯤은 감수할 수 있지만 때론 부담이 된다. 여기에 비해 속청은 할 것이 없다. 듣기만 하면 된다. 저절로 집중되고 전두엽에 시동을 걸어준다.

독서를 하지 말라는 것이 아니다. 우린 독서를 매일 목표, 평생 목표로 삼아야 한다. 책이 있기에 속청도 알고 전두엽도 알고 세상도 알 수가 있다. 속청이 독서의 도움자 역할이라고 생각하면 좋다. 속청은 독서를 잘하기 위한 하나의 디딤돌 역할을 한다. 좀 더 쉽게 책에 다가가기 위해서 더 빨리 글을 이해하기 위해서 뇌를 가열시키는 것이다. 물이 귀에 들어가는 것이 무서웠던 내가 요즘 수영에 푹 빠져 있다. 태어나 처음으로 자유자재로 입수하는데 바로 '귀마개' 덕분이다. 그 무서워하던 물이 모태의 양수처럼 편안하다. '속청'은 책에 대한 두려움을 없애준다. 정보의 홍수 속에 당당히 뛰어들게 만든다. 인지능력을 상승시킨다.

개척교회에서 한참 사역할 때 만난 여자 성도님이 계셨다. 몸이 불편하셨고 가정환경은 어렵고 자녀들은 공부에 전혀 관심이 없었다. 성경을 딱 한 장이라도 읽어오라면 그것조차도 불편해하셨다. 부모가 한 페이지도 안 읽는 모범을 보이는데 자녀들도 읽을 이유가 없었다. 왜 못 읽어오셨냐고 물어보면 '몸이 불편해서요.' '할 일이 많아서요.' '아이들이 속을 썩여서요'라며 둘러댔다. 100% 이해는 간다. 나도 글과 친하지 않았을 때는 책을 못 읽는 이유가 수백만 가지였으니까. 어느 날 신에게 계시를 받은 건지 갑자기 독서의 씨앗을 심어주고 싶었다. 불타는 사명으로 독서 모임이 아닌 오디오성경으로 속청 모임을 시작했다.

주말이면 신약성경 사복음서(마태·마가·누가·요한)를 차례로 20분씩 2배속으로 들었다. 어려운 건 전혀 없었다. 2배속이 들리면 2.5배속으로 늘리고 2.5배속이 잘 안 들리면 다시 2배속으로 들었다. 또 들은 내용 중에 기억나는 것을 입으로 말하고 들은 내용을 다시 집에서 듣는 방법이었다. 함께해 준 것에 감사했지만 그분의 가정 상황을 봤을 때 끝까지 할 거라는 큰 기대는 없었다. 내 예상은 빗나갔다. 두 달도 채 안 돼서 사복음서를 몇십 번이나 들었다고 했다. 중요 부분은 전부 외웠다고 말했다. 더욱 감사한 것은 자녀들이 엄마가 틀어놓은 2배속 성경을 신기해서 함께 들었다는 것이다. 알아들은 내용을 서로 말해주기도 했다. 여기서 멈추지 않고 성경을 시작으로 잡히는 책은 모두 읽게 됐다는 간증을 해주었다.

속청은 아주 단순하지만 그 효과는 엄청나다. 그저 들었을 뿐인데 어느 순간 잠자던 책을 잡아 읽고 있다. 속청은 독서처럼 책을 펼치고 눈으로 글을 따라가고 생각을 깊게 하지 않아도 된다. 귀에 글을 저절로 들려주기만 하면 된다. 지루하지도 않고 어느 순간 알아듣고 싶은 호기심이 생겨난다. 듣는 도중 문자와 친숙해지고 글에 대한 이해력이 증가한다. 어느샌가 나도 모르게 책 앞에 서게 해주고 독서에 몰입하게 도와준다. 속청할 때 두뇌에서는 독서할 때와 비슷한 패턴이 형성된다. 이것이 속청의 위력이다.

주변에 독서를 어려워하는 이들에게 권하는 것은 단연 '속청'이다. 그럼 얼마 후에 이런 답이 돌아온다. "속청을 하고 나서 독서가 매우 쉬워졌어요." "머리에 무엇인가 꽉 찬 느낌이에요." "글을 계속 읽고 싶어졌어요." "세상에 존재하는 모든 글을 연구하고 싶네요." "게으름이 사라졌어요." "생각하는 것을 좋아하게 됐어요." 속청은 복음 중의 복음이다. 읽고 싶은 성경을 불경을 책들을 자유자재로 읽게 해주는 핫하고 좋은 소식이다. 예수님이 주신 구원을 부처님이 주신 큰 깨달음을 내 눈으로 직접 확인해야 참제자가 된다. 진짜 제자는 읽을 줄 알아야 한다. 읽기 위해선 먼저 들어야 한다. 읽기의 길은 속청을 통하여 쉽게 들어갈 수 있다.

위에서 음식을 소화시키지 못할 때 마시는 소화제 '속청'이 있다. 속이 답답할 때 속청을 마시면 목이 시원해지고 뻥 뚫리는 느낌을 받는다. 빨리 듣는 '속청'도 마찬가지다. 듣기만 한다면 많은 정보를 뇌가 알아서 소화시켜 준다. 궁금했지만 어려웠던 내용들까지 일일이 소화시켜 준다. 소화시켜 줄 뿐만 아니라 전두엽을 활성화시켜 책에 더욱 가까이 다가가게 해준다. 사람은 보고 듣고 말하는 것으로 두뇌에 정보를 입력한다. 이 중 듣는 것만 잘해도 잘 보고 잘 말할 수 있다. 잘 알아듣게 되면 잘 읽고 잘 말하게 된다. 믿음도 들으면서 아이도 들으면서 자란다. 뇌가 답답할 때 마음에서는 읽고 싶은데 머리가 도와주지 않을 때 '속청'을 시작하자.

질문 독서,

남과 다른 나만의
답 찾기

역사의 위인들은 책을 읽고 새 힘을 받아 세상을 뒤흔들었다. 그 행동에는 남다른 생각이 있었기에 가능했다. 생각이 다르면 행동이 달라진다. 다른 생각은 어떻게 오는가? 바로 '질문'이다. 질문을 통해 남들과 다른 나만의 정답을 찾는 것이다. 질문을 던지는 것은 다르게 생각하고 다르게 본다는 것이다. 대부분의 사람은 독서할 때 무작정 읽기 바쁘다. 그리고 독서를 했다고 말한다. 일방적으로 받아들이는 주입식 독서는 가짜 독서다. 진짜 독서는 질문을 통해 답을 구하고 생각하는 독서다. 지혜는 질문에서 온다. 질문 독서는 정보와 지식을 뛰어넘어 엄청난 지혜와 힘을 선사한다. 책은 보는 것이 아닌 읽는 것이고 읽는 것은 질문한다는 것이다.

나는 사물을 볼 때 흥미와 호기심으로 똘똘 뭉쳐 반드시 실험을 해야만 속이 풀린다. 모나리자가 미인의 기준이라는 이야기를 듣고 눈썹을 전부 밀고 학교에 가서 몇 개월을 놀림받았다. 옥상에서 빨간 망토를 입고 슈퍼맨처럼 날아가는 상상을 하며 뛰어내렸는데 다리가 부러졌다. 가스 밸브를 켜고 가스가 흐르면 진짜 질식하는지 실험했다가 가족 모두 생을 마감할 뻔했다. 이 외에도 수많은 실험을 했었는데 질문하지 않은 탓에 큰일들을 치러야만 했다. 만약 실험 전 부모님에게 한 번이라도 질문했다면 어처구니없는 일은 일어나지도 않았을 것이다. 어릴 적 이런 일들로 지금은 습관처럼 질문을 먼저 한다. 누군가는 피곤해할 정도로 질문에 능숙해졌다.

그 누군가가 바로 책의 저자들이다. 이렇게 많은 질문을 해도 되나 싶을 정도로 질문 세례를 퍼붓는다. 요즘 한창 빠져 있는 찰스 디킨스의 『위대한 유산』을 읽으며 이런 질문을 한다. '미스 해비샴은 왜 항상 하얀 드레스를 입고 있을까? 손목시계는 왜 9시 20분 전에서 멈춰 있을까?' '누가 핍에게 막대한 유산을 공짜로 물려주는 걸까? 혹시 감옥에서 탈출한 프로비스?' '주인공 핍의 매형 조가저리는 "사람마다 사는 법이 다르지… 각자 소중한 삶을 사는 거야"라는 말을 했을까?' '시골 대장간 소년 핍이 런던에 신사 교육을 받으러 갔을 때 어떤 기분이었을까?' '내게 위대한

유산은 무엇일까? 물질일까? 명예일까? 따뜻한 사랑의 마음일까?'

끊임없는 질문은 독서 의욕을 불러일으키고 독서를 깊이 있게 만들어 준다. '왜일까?' '무엇 때문에 그런 행동을 했을까?' '이게 진짜 말이 된다고 생각하나?' '다른 방법이 있을 텐데.' '왜 말을 이렇게 할까?' 이런 무수한 질문들이 저자와 관계를 이어주고 마치 책과 대화하듯 상황을 만들어 준다. 만일 상대방과 관계를 맺었는데 말은 나만 하고 상대방은 아무 답이 없다면 어떨까? 이는 허공에 대고 말하는 것과 별반 다르지 않다. 의사소통은 상대방과 내가 함께 주거니 받거니 하는 대화이다. 나 혼자 말하는 것은 의사전달일 뿐이다. 독서도 마찬가지다. 저자는 말하고 있는데 독자가 질문하지 않는다면 의사전달에 불과한 독서다.

진짜 독서는 저자와 독자가 의사소통을 할 때 이뤄진다. 저자의 의사전달에 질문하고 때론 긍정과 부정으로 맞장구쳐 줄 때 완벽한 독서 의사소통이 된다. 강연자가 청중들에게 자기 말만 일방적으로 계속하는 경우가 있다. 청중들은 어느새 하나둘씩 잠들기 시작하고 강연 도중 몰래 빠져나가는 사태가 발생한다. 좋은 강연자는 청중에게 질문을 던지고 함께 생각하는 강연을 만든다. 질문을 받으면 생각하지 않을 수 없고 답하지 않을 수 없다. 질문이 없는 독서는 수면 독서이고 죽은 독서다. 내가 어릴 적 놀림받고 다칠 때 단 한 번이라도 질문했다면 불행한 일은 일어나지 않았을 것이다. 불행한 독서에서 탈출하려면 반드시 질문을 해야 한다.

EBS에서 〈다큐프라임 – 왜 우리는 대학에 가는가〉 5부작을 방영한 적이 있다. 오프닝 멘트에서 나레이터는 이런 말로 시작했다. "우리는 왜? 아무런 말도 하지 못하는 것일까요?" 제작진은 한국의 어느 대학교에서 '질문'에 관해 한 실험을 진행했다. 첫 번째 실험은 강의실의 모습을 그냥 촬영하는 것이었다. 학생들은 교수의 말을 경청하고 받아 적을 뿐 교수가 질문을 요청해도 어떤 질문도 없었다. 또 다른 교실에서도 그저 피하고 웃기만 할 뿐 질문은 없었다. 두 번째 실험에서는 한 학생을 투입시켜 5번의 질문을 하고 반응을 보기로 했다. 처음에는 질문에 무심하고 관심 없는 표정을 짓다가 점점 불편하고 짜증 섞인 표정을 드러냈다.

수업이 끝나고 학생들은 질문한 학생에 대해 이렇게 말했다. '황당하다.' '나댄다.' '수업 시간에 혼난다.' 직접 질문한 학생은 이렇게 말했다. "어색했어요. 질문을 많이 하니까 뒤통수가 따가 웠어요." 제작진은 한 중학교를 찾아가 학생들에게 물어봤다.

"궁금한 게 있으면 어떻게 해요?" 학생이 말한다. "일단 궁금한 게 안 생겨요. 공부하는데 어려운 것만 시키고 책만 읽게 하니까 궁금한 게 생기지 않아요." 제작진은 또 수업 시간에 선생님께 가장 많이 들었던 얘기가 뭔지 학생들에게 써달라고 했다. 학생들이 들었던 말은 이것이다. '조용히 해.' '칠판 봐.' '집중해.' '정신 차려.' '떠들지 마.'

제작진은 마지막 실험을 위해 미국 조지워싱턴 대학을 찾아갔다. 로스쿨 강의실에서 학생들의 수업 모습을 촬영했는데 특이한 점이 발견됐다. 교수는 많은 말을 하지 않고 학생들에게 질문을 유도한다. 그랬더니 여기저기서 학생들의 질문과 반박하는 내용들이 이어진다. 논쟁은 기본에다 적극적인 질문이 쏟아지고 한 사람당 두 개 이상의 질문이 나왔다. 수업을 마친 한 학생에게 물어봤다. "질문할 때 교수님의 수업 진행을 방해한다는 생각을 해본 적 없나요?" 학생은 대답한다. "저는 배우고 싶어서 여기에 왔습니다. 만약 제가 뭔가를 이해한다고 느끼지 못하면 반드시 질문해서 제가 이해할 때까지 최대한 노력합니다."

2015년 기준으로 UN의 발표에 따르면 한국의 평균 독서량이 195개 국가 중 166위다. OECD 국가 중에서는 꼴지를 차지한다. 세계에서 나름 똑똑하고 경제 10대국으로 불리는데 독서량은 최하위이다. 나는 그 이유를 금방 찾아냈다. 그것은 스스로 생각하지 못하게 하고 질문을 막고 주입식으로 가르치는 한국식 교육 때문이다. 책을 읽고 질문을 통해 스스로 찾는 답은 잘못된 답이 된다. 선생님이 정해준 답이 정답이고 그것만 외우면 되기에 책 읽을 필요가 없다. 책이 싫은 게 아니었다. 읽어도 질문하지 않는 몸에 밴 습관 때문에 책이 지루한 것이다. 질문이 없으니 궁금한 것도 없고 독서의 의욕도 상실된 것이다.

정답이 정해진 사회에서 질문은 당연히 금기시된다. 우리는 책을 정답을 외우는 도구로 생각한다. 그 결과 학교를 졸업하면 두 번 다시 책을 안 본다. 오죽하면 독서하는 사람을 향해 '평생 대학'을 다닌다고 한다. 독서는 원래 삶에서 궁금한 것을 질문하고 생각하게 하는 관점을 주는 도구다. 독서는 평생 대학이 아닌 '평생 삶'이다. 질문하는 공부법 '하브루타'를 몸에 지닌 유대인들은 세계를 지배하고 뒤흔든다. 유대인들은 독서를 밥 먹듯이 하고 질문을 반찬 먹듯이 한다. 유대인들은 질문을 통해 고등 사고력을 만들어 내고 인류에 엄청난 일을 창조한다. 문명 발달에 영향을 준 사람들이 받는 노벨상을 유대인들이 가져가는 것을 보면 알 수 있다.

유대인들이 쓴 성경 첫 번째 책 창세기는 뱀, 곧 사탄이 질문을 통해 엄청난 일을 꾸민다.

사탄: "참으로 하나님께서 말씀하시기를, 너희는 동산의 모든 나무에서 나는 것을 먹지 말라, 하시더냐?"
여자: "우리가 동산의 나무들의 열매는 먹어도 되나 동산의 한 가운데 있는 나무의 열매에 관하여는 하나님께서 이르시되, 너희는 그것을 먹지도 말고 만지지도 말라. 너희가 죽을까 염려하노라, 하셨느니라."
사탄: "너희가 절대로 죽지 아니하리라."

사탄은 여자에게 '참으로' '모든'이라는 단어를 쓰며 질문했고 의심과 호기심을 품게 했다. 여자는 이 질문에 넘어가 "반드시 죽으리라"는 신의 메시지를 "죽을까 염려하노라"로 바꿔버린다.

사탄의 질문에 넘어간 여자는 남편 아담과 함께 금지된 선악과를 따 먹고 죄를 지었다. 인류 최초의 원죄가 사탄의 '질문'을 통해서 생겨났다. 유대인들이 질문을 통해 세계를 뒤흔든 것처럼, 사탄은 질문을 통해 신의 세계를 뒤흔들어 버렸다. 이와 대조되는 사건이 있다. 신약성경에서 둘째 아담인 예수와 사탄과의 대화다. 구약 4000년이 가고 신약 40권째가 시작되는 마태복음에 40일을 금식한 예수가 등장한다.

사탄: "네가 만일 하나님의 아들이거든 명령하여 이 돌들이 빵이 되게 하라."

예수: "사람이 빵으로만 살 것이 아니요, 하나님의 입에서 나오는 모든 말씀으로 살 것이라."

아담에게 먹는 문제로 재미를 본 사탄이 둘째 아담에게 똑같이 먹는 문제로 다가왔다. 어찌 된 일인지 이번에는 질문이 빠졌고 명령하듯 주입시켰다. 예수가 사탄의 꾀에 넘어가지 않고 생각조차 없었던 것은 바로 '질문의 부재' 때문이었다. 질문하면 승리를 가져오고 질문 안 하면 패배를 가져온다. 우리가 사탄 편은 아니지만 창세기에서 했던 질문 하나만큼은 배워야 한다. 마태복음에서 예수는 제자들에게 사탄의 장점 하나를 본받으라고 말한다. "내가 너희를 보냄이 양을 이리 가운데 보냄과 같도다. 그러므로 너희는 뱀같이 지혜롭고 비둘기같이 순결하라." 늑대가 득실거리는 세상을 살아가는 우리에게 예수는 말한다. '지혜를 가져라. 질문하라.'

당신이 책을 못 읽는 이유는 질문이 없기 때문이다. 서점을 그냥 걷지 말고 책 제목을 보고 흥미와 호기심으로 질문을 던져보라. 저자가 말을 걸어오고 어느덧 질문에 답을 찾으려 읽고 있는 나를 발견하게 된다. 나는 책을 수시로 들고 다니지만 어쩌다 못 가져갈 경우가 있다. 그곳이 병원이라면 비치된 병원 책자에 질문을 걸고 파고든다. 카페라면 잡지를 넘기다 흥미로운 곳에 질문을 던지고 집중해서 읽는다. 동물과 인간의 다른 점은 사고력에 있다. 동물은 본능으로 인간은 생각으로 살아왔다. 인간끼리도 차이가 있다. 그냥 사는 사람은 보통 사고력으로, 질문하는 사람은 고등 사고력으로 살아간다. 질문 독서를 통해 문명에 꽃을 피우자.

★ ★ ★

"질문이 없다면 통찰도 없다."

– 피터 드러커

적용,

나만의 문제로
적용하기

1+1=2가 되듯, '독서'라는 1과 '나'라는 1이 만나면 반드시 '결과'라는 2가 나와야 한다. 2는 나와 책이 만나 마찰을 빚고 사색하고 그것을 행동으로 나타낸 '적용'점이다. 안타깝게도 대부분의 사람은 적용점을 찾지 못해 그저 '읽었다' '좋았다'고 말만 한다. 읽었으면 나와 연관시켜 적용해 보자. 그래야 문제가 해결되고 환경과 삶이 바뀐다. 세상의 중심은 나다. 존귀한 것도 나다. 모두 자신을 위해 살아간다. 나를 위해 제대로 살아가려면 책을 읽고 내게 적용시켜야 한다. 단 한 문장이라도 가슴을 두드리는 문장이라면 삶의 현장으로 가져와라. 적용하는 독서야말로 의미 있고 살아 있는 독서이자 인생을 바꾸는 독서이다.

내가 매일 하는 좋은 습관이 있다. 책에서 길에서 와닿는 글귀를 볼 때 전부 내게 하는 말로 여겨 메모하고 삶에 적용시킨다. 이 습관 덕분에 지금까지 지치지 않고 활기찬 인생을 살아간다. 예를 들면 이렇다. 자주 읽는 승려 아잔브람의 『마음의 성으로 들어가기』에서 곳곳에 있는 문장들을 통합해서 적용했다. '내무반대!' '내무반대!'의 뜻은 '내 일이 아니다' '무시해라' '반응하지 말라' '대처하라'이다. 예민하고 간섭을 좋아했던 내게 문장을 읽고 적용시켰더니 변화가 찾아왔다. 예민함과 간섭의 빈도가 줄어들었다. 어떤 큰일 앞에 떨지 않고 '내무반대!'를 외쳤더니 문제가 객관화되어 내게서 떨어졌다. 문제 있을 때마다 문제에 집중하지 않게 됐다.

몇 개월 전에 읽은 아오키 아츠시의 『공복』을 통해 공복혈당수치를 380에서 80으로 내렸다. 이유는 간단했다. 16시간을 공복하면 몸에 '자가포식'이 생성되어 살도 빠지고 혈당을 잡아준다는 원리였다. 이 문장을 나와 연관시키고 적용했다. 그날 바로 8시간 안에 세 끼니를 해결하고 16시간을 공복했다. 살이 점점 빠지면서 3개월 후 혈당수치가 300이나 내려가 의사도 깜짝 놀랐다. 30대 중반에는 사이토 다카시의 『혼자 있는 시간의 힘』을 읽고 고독을 즐기며 깊이 있는 독서로 나아갔다. 그때 내게 적용한 문장이다. "인생에는 승부를 걸어야 할 때가 있다. 실패하지 않으려면 교제를 완벽하게 끊고 하고 있는 일도 철저히 정리하여…."

수십 년간 유명 마사지 치료사로 이름을 알렸는데 스승님들의 지식과 스킬을 적용한 덕분이다. 배운 이론과 스킬들을 책과 비교하면서 고객들에게 주구장창 설명하고 선보인다. 여기서 멈추지 않고 친구나 가족들에게 또 한 번 설명하고 적용해 본다. 이렇게 듣고 보고 배운 것들을 적용할 때 사람들이 살아난다. 에너지를 바꿔준다. 다 안다고 생각하고 내가 잘났다 생각하고 적용하지 않으면 아무런 일도 일어나지 않는다. 독서가 그렇다. 책에서 읽은 것 한 문장이라도 내 것으로 여기고 반드시 적용한다면 삶이 달라진다. 한 번이 어렵지 하다 보면 쉬워진다. 마사지와 독서는 살리기 위해서 한다. 적용이 없다면 죽은 거나 마찬가지다.

교회나 절에서 신앙 생활을 잘하고 못하는 사람들의 차이는 적용에 있다. 경전에 기록된 말씀을 모두 내게 주신 말씀처럼 적용시키면 신앙 생활이 뜻깊고 즐겁다. 강단에서 울려 퍼지는 목사님이나 스님의 말씀이 전부 은혜롭고 자비롭다. 적용한 말씀이 내 안에 살아 있기 때문이다. 신앙 생활 못하는 사람들은 적용된 말씀이 없다. 말씀이 없으니 어떤 말도 알아듣지 못하고 신앙 생활이 아닌 종교 생활처럼 따분하다. 성경이나 불경은 1차적으로 그 당시 사람들에게 쓰여졌다. 그것을 역사적 적용, 문자적 적용이라 말한다. 하지만 이 적용들은 지금의 나와 상관없다. 지금의 나를 바꾸는 적용은 '영적 적용' 곧 지금 내게 해당하는 적용이다.

  책의 문장을 나와 연관시켜 적용하면 상상훈련법 바로 '이미지 트레이닝'을 하게 된다. 운동선수들이 100년 이상 사용한 멘탈기법으로, 상상의 세계가 현실에 그대로 나타나게 된다. 미국 클리블랜드 병원의 신경과학자 광예 박사는 이미지 트레이닝에 관한 실험을 했다. 젊은이와 노인을 대상으로 운동 없이 상상만으로도 근력을 키울 수 있는지에 대한 연구였다. 우선 피실험자들에게 영상에 나타나는 선을 아래에서 위로 끌어올리는 상상을 하게 했다. 4개월 동안 실험했는데 1회 15초씩 15분 안에 총 50번을 진행했다. 실험 결과는 놀라웠다. 근력 테스트에서 젊은이나 노인이나 할 것 없이 상상만으로도 팔꿈치 근력을 15% 정도 증가시켰다.

  미국 하버드 의과대학의 신경연구학자 알바로 파스쿠알 레오네 교수도 비슷한 실험을 진행했다. 먼저 피아노를 처음 배우는 실험 참가자들을 두 그룹으로 나누었다. 첫 번째 그룹은 특정 곡을 선정해서 연주까지 할 수 있도록 5일 동안 하루 2시간씩 훈련시켰다. 두 번째 그룹은 피아노 치는 그룹의 모습을 보고 음을 든고 상상만으로 연습하도록 훈련시켰다. 훈련이 끝나고 실험 참가자들에게 TMS(경두개 자기 자극기)를 이용하여 뇌의 변화를 관찰했다. 이번 실험의 결과도 놀라웠다. 두 번째 그룹 참가자들의 뇌가 첫 번째 그룹 참가자들의 뇌와 동일한 패턴을 보였다. 상상만으로도 손 근육과 관련된 뇌신경 회로가 활성화된 것이다.

독서하는 나라가 강대국이 된다. 강대국이라 독서하는 게 아니라 독서했기에 강대국이 된 것이다. 독서하는 사람이 있기에 강대국이 탄생했고 본인 스스로 강자가 된다. 어휘력과 문해력이 높아 자연스럽게 강자가 된다. 그리고 이미지 트레이닝에 능하게 된다. 적을 만나기 전에, 어떤 문제를 해결하기 전에 이미 머릿속에서 해결하고 상황을 종료시킨다. 이런 사람들을 '생각하는 대로 사는 사람들'이라고 부른다. 인생을 자기가 그린 지도 위에서 자유롭게 항해한다. 막연히 상상만 한 것이 아니다. 독서를 통해 얻은 간접경험들, 정보, 지식, 지혜들이 알아서 일사천리로 움직인다. 현실에 A가 필요할 때 뇌에서는 A부터 Z까지 총동원시켜 준다.

독서의 상상훈련법 곧 이미지 트레이닝은 아주 쉽다. 책을 읽으면서 끌리고 가슴을 두드리고 위로해 주는 꼭 필요한 문장들을 머릿속으로 가져온다. 머릿속에 가져온 문장들을 나에게 연관시켜 적용해 주면 된다. 대부분의 사람은 그런 문장들을 그냥 지나친다. 그러면 어떤 이미지도 형성되지 않는다. 책을 대충 훑는 사람들, 아예 읽지 않는 사람들에게는 어떤 상상도 어떤 기적도 일어날 수 없다. 강한 육체에 강한 정신이 깃든다고 한다. 더 금상첨화인 것은 강한 환경을 만들어 주는 것이다. 환경이 좋으면 육체도 정신도 자연스레 좋아진다. 최고의 환경은 독서 환경이다. 문장을 적용시켜 주는 독서 환경이 육체와 정신까지 강하게 만들어 준다.

"단번에 이뤄지는 마법은 없다. 읽고, 질문하고, 생각하고, 실천하라. 그것이 돈을 부르는 유일한 길이다."『이 책은 돈 버는 법에 관한 이야기』의 저자 고명환의 독서철학이 담겨 있는 말이다. 고명환은 개그맨으로 시작해 연매출 20억 장사의 고수가 되었는데 그 비결이 적용하는 독서다. 젊은 때부터 책은 읽었지만 책에서 말하는 것들을 자신과 연관 짓지 않고 적용하지도 않았다. 그런 탓인지 30대에 무작정 시작한 네 번의 사업을 모두 실패하고 말았다. 엎친 데 덮친 격으로 큰 사고로 인해 죽음의 문턱까지 넘나들었다. 죽음에서 살아 돌아온 그가 먼저 했던 것은 독서다. 이전과 다르게 책의 문장들을 자신의 것으로 적용하기 시작했다.

책을 읽고 메뉴를 개발하고 서비스를 연구했고 책을 읽고 다른 종목으로 사업을 확장했다. 책에 나온 좋은 문장들과 비법들을 흘리지 않고 자신의 것으로 적용했다. 그 결과 끌어당김의 법칙을 실현했고 장사의 신이 되어 선한 영향력을 발휘하고 있다. 그의 성공 비결은 단순하다. 책을 읽고 문장을 찾아 자신에게 적용하고 즉시 행동에 옮기는 것이다. 예전과 같이 읽고 덮어버리는 독서법으로는 지금의 고명환이 탄생할 수 없었다. 그가 새벽 4시부터 10시간을 책에 몰입할 수 있는 비법은 적용할 것들이 차고 넘쳤기 때문이다. 책은 작가의 시점보다 독자의 시점에서 읽고 느끼고 해석하고 적용하는 것이 중요하다. 그래야 지치지 않는다.

책의 문장들을 자신의 상황으로 해석하고 적용하는 힘을 '창조적인 오독력', '풍요로운 오독력'이라고 부른다. 일본의 유명 작가 히라노 게이치로의 책『책을 읽는 방법』에 나온 단어이다. 그는 말한다. "열 명이 읽으면 열 가지 해석이 나온다." "작자의 의도 이상으로 흥미 깊은 내용을 찾아내는 것은 '풍요로운 오독'이다." "사람들이 제멋대로 착각을 할 때에는 의외의 창조성이 발휘되는 법이다." "자유로운 '오독'을 즐기고, 다른 한편으로는 '작자의 의도'를 생각하는 작업을 동시에 진행해야 한다." 세상의 모든 책이 지금 내게 필요한 책이 되려면 적용을 통해 내 처지로 바꿔버리면 된다. 철저하게 자기중심적인 독서를 해야 인생이 바뀐다.

고명환 대표는 책을 읽고 자신에게 적용시키면서 사업이나 인생에 더욱 빛을 발하고 있다. 마치 '소'처럼 순수하고 근면하고 우직한 모습을 보여주는데 평범한 소가 아니다. 세스 고딘의 『보랏빛 소가 온다』에서 말한 '보랏빛 소'를 연상시킨다. 순수, 근면, 우직한 모습은 갖췄어도 보고 있노라면 금세 지루하고 답답하기까지 하다. 이때 보랏빛 소가 등장한다면 사람들의 시선이 강탈당한다. 그저 똑같은 소가 아닌 보랏빛 소처럼, 책 읽는 개그맨, 책 읽는 사업가 그가 고명환이다. 보랏빛은 파랑과 빨강이 섞인 부유한 색이다. 하나가 아닌 이것저것을 섞어야 한다. 독서를 통해 이것저것 적용시킬 때 세상에 없는 보랏빛 소가 되어 나타난다.

독일의 사상가 카를 마르크스는 이런 말을 했다. "책은 노예와 같다. 나의 의지에 복종해야 하며, 나를 위해 사용되어야 한다." 우리는 책의 노예인가? 책의 주인인가? 읽고 덮으면 노예고 읽고 내게 적용시키면 주인이다. 노예는 말없이 죽은 듯 산다. 읽고 덮는 독서는 죽은 독서와 같다. 이왕 독서를 시작했다면 그냥 덮지 말고 문장을 나와 연관하여 적용시켜 보자. 글을 구경만 하지 말고 그 글을 읽고 제대로 써먹어 보자. 내가 20대 초반부터 성경을 읽고 매일 적용하는 말이 있다. "강하고 담대하라." 이 말씀은 성경에 365번 등장한다. 이제 세상에 특별하게 등장할 보랏빛 소들이여! 365일 매일 강하고 담대하게 책을 적용시켜 보자.

★ ★ ★

"책은 어떤 사람에게는 울타리가 되고
어떤 사람에게는 사다리가 된다."

– 레미 드 구르몽

책장,

책장이 있는
집 만들기

식욕, 수면욕, 성욕은 인간에게 필수불가결한 3대 원초적 욕구다. 어느 하나라도 소외시키면 몸에 이상 반응이 온다. 3대 욕구를 본능이라 하고 인간과 동물에게 우주가 준 선물이다. 인간이 동물과 다른 점은 생각한다는 것이다. 사람이 짐승이 안 되려면 한 가지 욕구를 더 채워야 한다. 바로 '책욕'이다. 조화로운 삶은 영혼육의 균형이다. 본능은 육체에만 집중한다. 영혼에 집중하게 만드는 것은 '책'이다. 본능은 저절로 찾고 생각하게 된다. 정신은 저절로 찾지 않고 스스로 만들어야 한다. 하지만 정신을 저절로 불러들이는 가장 빠르고 확실한 방법이 있다. 그것은 '책장'을 놓는 것이다. 환경은 육체와 정신을 지배한다. 정신을 위한 환경은 책장으로부터 시작된다.

책에 관심이 없는 사람도 책장을 구비하는 순간 정신에 교란이 생긴다. "강아지 데리고 오면 혼나"라던 아빠가 강아지를 보는 순간 마음이 바뀐다. 비어 있는 책장을 자주 보다 보면 어느 순간 한두 권이 꽂혀 있다. 내 상황도 똑같았다. 성인이 되고 교회에서 나를 따뜻하게 맞이해 주던 착한 형이 있었다. 그 형은 예수님을 잘 믿으라는 말보다 책을 읽어야 한다고 더 강조하여 말했다. 그 형이 어느 날 다른 지방으로 이사를 가게 됐다고 정사각형의 작은 책장을 선물해 줬다. 나는 "줄 거면 돈이나 주지 뭐 이런 걸 주나"고 농담 반 진담 반으로 소리쳤다. 그 형은 "돈보다 더 가치 있을 거야"라며 진담으로 말하고 떠났다.

텅 비어 있는 책장을 볼 때마다 그 당시 내 인생처럼 쓸쓸해 보였다. 안 되겠다 싶어 마사지 관련 책들을 사서 꽂아만 놓고 읽을 생각은 전혀 없었다. 신기하게도 어느 날부터 외출했다 들어오면 책장에 꽂힌 책들만 보이기 시작했다. 계속해서 책 제목들이 내게 말을 걸어왔다. 궁금해서 어쩔 수 없이 책을 펼쳐봤다. 그때 문해력 수준은 바닥이었지만 마사지 분야는 잘 알고 있는 내용들이라 책이 술술 넘어갔다. 책에 있는 지식과 테크닉을 고객들에게 전하고 적용해 보니 반응이 달라졌다. 고객들은 내 마사지에 빠졌고 비싼 회원권을 끊기에 바빴다. 책이 '돈보다 귀하다'는 형의 말이 진담이 되어 돌아왔다.

책장이 있기 전에도 마사지 스승께 받은 책이 몇 권 있었지만 단 한 번도 펼쳐본 적이 없었다. 책장이 들어오면서부터 기존 책과 새 책들에게 자연스레 눈길이 간 것이다. 이것은 환경의 변화다. 책이 있어도 읽기 싫은 환경에서 책장 안에 책을 진열해 놓으니 읽고 싶은 환경으로 바뀐 것이다. 어느 날 소박한 꿈이 생겼다. 작은 우리 집 벽면을 책장으로 가득 채우고 싶어졌다. 집을 도서관 환경으로 바꾸기로 마음먹었다. 교회 형들에게 남는 책장을 선물로 받고 중앙시장에 나가 책장을 직접 짜오기도 했다. 책장을 깨끗이 닦고 텅 빈 공간을 마사지 책들과 종교 서적들로 채워 넣었다. 일은 고됐지만 책장과 책들 덕분에 집에 가는 시간이 행복했다.

이탈리아의 철학자이자 소설가인 움베르토 에코는 이런 말을 했다. "책을 사서 책장에 꽂아만 두어도 그 책이 머리에 옮겨간다." 내게 책장이 들어올 때부터 책욕이 시작됐고 책들과 끈끈한 관계가 이어졌다. 집에서 자주 보이는 것이 책장과 책들이다. 자연스레 제목 독서를 시작하고 제목을 통해 내용을 유추하고 궁금해서 펼쳐보기도 했다. 지적 호기심이 생기고 자랑하고 싶어 하루 종일 친구와 책장 앞에서 수다를 떨기도 했다. 남의 집에 가면 먼저 보는 것이 책장이다. 책장에 있는 책은 그 사람의 정신과 내면세계를 확인할 수 있기에 더더욱 확인해 본다. 책장은 내 정신세계의 집이다. 지금도 책장은 책을 불러들이고 정신세계를 넓혀준다.

우리는 환경에 영향을 주거니 받거니 하며 살아간다. 동물이나 인간 어느 누구도 환경을 떠나 살 수 없고 지금도 환경에 따라 적응하고 대처한다. 독일의 생물학자 카를 베르그만은 1847년 항온동물의 온도 적응의 법칙을 주장했다. 동물이 추운 곳으로 가면 열손실을 줄이고 세포를 많이 생성하기 위해 몸집이 커진다는 것이다. 대표적으로 북극의 거대한 흰곰을 예로 들 수 있다. 또 1877년 동물학자 앨런도 하나의 법칙을 세웠다. 온도가 낮은 곳에 사는 동물은 열을 유지하기 위해 몸의 표면, 곧 말단이 짧아진다. 열이 표면을 통해 빠지는 것을 방지하기 위해 팔, 다리, 귀, 코가 자연스레 짧아진다는 법칙이다.

추위가 없는 환경이라면 아프리카의 사막여우보다 북극여우의 귀가 짧아질 필요가 없다. 추위가 없는 환경이라면 일반 곰보다 북극곰의 몸집이 커질 이유가 없다. 북극여우가 사막으로 간다면 귀가 길어질 것이고 북극곰도 사막에 간다면 몸집이 작아질 것이다. 일본에 '코이'라는 물고기가 있다. 관상어로 비단잉어에 속하는 코이는 수족관의 크기에 따라 몸집이 최대 20배까지 자라난다. 작은 수족관에 넣으면 5~8cm 자라고, 큰 수족관에 넣으면 15~20cm 정도 자라난다. 여기서 끝이 아니다. 만약 코이를 큰 강물에 자유롭게 풀어두면 90~120cm의 초대형 물고기로 탄생한다.

환경에 맞춰서 커지는 코이처럼, 인간도 처한 환경에 따라 작아지고 커지는데 이를 '코이의 법칙'이라고 부른다. 지금 내가 원하는 삶을 살고 있지 않다면 내 모습이 보기 싫다면 바꿀 것은 하나다. 환경을 바꾸는 것이다. 코이의 법칙을 이용하는 것이다. 많은 사람은 착각한다. 자유의지로 육체와 정신을 강하게 끌어올려 삶을 살면 뭐든지 할 수 있다고 생각한다. 10명 중 한두 명은 가능해도 나머지는 어렵다. 맹자 엄마가 오죽했으면 아들 교육을 위해 이사를 세 번이나 했겠는가? 육체와 정신이 강하다 한들 환경이 나쁘면 써먹을 데도 없다. 수족관이 작아서 몸집이 커질 수도 없지만 커져도 환경이 자꾸 누른다. 누르지 않는 환경에 가야 몸집도 꿈도 커진다.

책장 없는 환경에서 책장 있는 환경으로 바뀌면 독서가 시작된다. 마중물 효과처럼 책장이라는 집이 있어야 집 나간 책들이 찾아온다. 책장이라는 환경이 책을 끌어오게끔 정신과 육체를 움직인다. TV는 정신과 육체를 마비시킨다. 독서를 위해 내게 반드시 있어야 할 싱자는 '비보상자 TV'가 아닌 '천재상자 책장'이다.

생각하는 동물인 사람은 생각하는 환경에 있어야 인간다운 인간이 된다. 그곳이 '책장'이다. TV, 영상물은 우리의 생각을 마비시키는 환경이다. 북극에서 춥다고 불평 말고 따뜻한 나라로 옮겨가자. 수족관이 작다고 불평 말고 바다로 뛰어들자. 의지보단 환경이다. 책을 읽고 꿈을 이룰 수 있는 '책장'이라는 환경을 만들어라.

내 사랑하는 조카는 책벌레다. 명언집을 많이 읽고 어른이나 친구들에게 때에 맞는 명언을 들려준다. 요즘은 인문학 책을 읽어 세상을 인문학적 관점으로 바라본다. 공부에는 소질 없다고 생각했지만 착각이었다. 놀기도 잘하고 장난도 잘 치고 공부도 잘한다. 책 읽기를 통해 문해력이 높아지고 어휘력이 상승하더니 모든 공부에서 두각을 나타낸다. ABC밖에 몰랐던 영어는 지금 외국인들과 프리토킹까지 하는 수준에 와 있다. 심지어 또래 아이들이 조카만 쫓아다니는데 이유인즉, 유머가 수준급이어서다. 말 한마디 한마디가 명언에다 똑똑하고 연기도 잘하고 재미있기까지 하다. 이런 만능 탤런트적인 소질은 조카의 '책장'에서 비롯되었다.

몇 년 전까지만 해도 조카의 전용 책장이 없었다. 조카가 성장하면서 부모는 책 읽기를 해줬지만 조카 스스로 책 읽기가 힘들었다. 나는 당시 아이들 독서법에 한창 관심이 많았는데 조카에게 독서 혁명을 일으키고 싶었다. 그때 가장 먼저 생각한 것이 눈높이에 맞는 책장을 들이는 것이었다. 친근하고 눈높이 맞는 책장이 어떤 건지 한참 고민하다가 장난감 책장이 눈에 띄었다. 많았던 장난감을 티 나지 않게 조금씩 없애고 그 자리에 재미있는 책을 꽂아두었다. 인형들이 책에 올라타 있고 어떤 인형은 독서하는 장면을 연출했다. 조카는 낄낄 웃어대며 책장과 가까워졌다. 인형놀이를 하다가 스스로 책을 꺼내 읽고 내게 내용을 설명해 주기도 했다.

학교에 들어가고 학년이 올라가면서 인형과 장난감들이 거의 사라졌다. 그 자리는 어린이 소설, 교재, 영어 소설, 인문학, 시집, 어린이 신문들로 가득 채워졌다. 책장 위에는 학교에서 만든 작품과 그림이 전시되어 있고 직접 쓴 명언들이 붙어 있다. 책상이 있는데도 공부라는 딱딱한 느낌이 싫은지 책상보다는 항상 책장 앞에서 시간을 보낸다. 모든 놀이(공놀이, 보드게임, 줄넘기, 춤추기, 복싱)와 숙제, 독서, 군것질도 책장을 벗어나지 않는다. 등교 전과 하교 후에는 책장을 뚫어져라 처다보고 말 걸어오는 책을 집어 읽는다. 이해가 안 되는 부분들은 책장에 몸을 기대고 엄마에게 질문하고 토론까지 한다.

조카의 엄마는 책 읽으라는 말을 단 한 번도 하지 않았다. 그저 눈높이에 맞고 놀기도 하고 쉴 수 있는 친근한 책장을 준비했을 뿐이다. 사람들은 특별한 프로그램을 받았냐고 물어보지만 어떤 교육도 받지 않았다. 책장을 바라보는 것, 책장의 책을 빼서 읽는 것, 책장 앞에서 놀고 대화하는 것이 전부였다. 책장이라는 환경이 독서라는 노력을 자연스럽게 만들어 줬다. 깔끔하고 상큼한 향으로 레몬을 떠올린다. 어느 실험에서 과자를 먹고 있는 그룹에게 레몬향을 맡게 해줬다. 그 결과 과자를 깔끔하게 먹었고 흘린 부스러기도 치우는 결과가 나타났다. 의지를 의지하면 망하고 환경을 의지하면 성공한다. 독서의 성공 비결은 책장에 숨어 있다.

독서는 읽고, 사색하고, 줄 치고, 쓰고, 질문하고, 낭독하고, 행동하는 것 그리고 또 하나가 있다. 집 나온 책을 집으로 돌려보내주고, 나오지 못한 책을 집 밖으로 불러주는 것까지도 독서다. 책장 앞에서 하는 모든 행위가 독서다. 바꾸고 싶은 습관이 있다면 환경을 바꿔라. 독서가 습관이 되게 하고 싶다면 책장을 준비하고 책장 앞에 머물러라. 책장은 훌륭한 여행지다. 직접 여행은 많은 곳을 여행할 수 없고 주관적 체험이라는 한계가 있다. 하지만 책장으로 여행을 떠난다면 수많은 곳을 돌아다니고 객관적인 다양한 체험을 하게 된다. 책장 안에서 공자, 예수, 석가, 링컨을 만나고 해외 어느 나라든 자유롭게 떠날 수 있다. 세계 최고의 여행지 '책장'을 집으로 모셔와라. 집이 책이 되고 책이 집이 되게.

★ ★ ★

"한 사람의 서재에 진열된 책들을 보면
그 사람이 어떤 사람인지 알 수 있다."

– 니콜 라피에르

PART 5

어떻게
읽을까
IV

시대는 계속 변하고 새로운 것들이 넘쳐난다. 어느 분야든 박식한 사람만이 살아남는다. 다산 정약용은 유배지에서 열 가지 이상의 학문을 공부하고 책을 썼다. 책을 넓게 읽는 사람만이 깊고, 높고, 멀리 도달한다. 넓게 읽고 세상을 움직이는 당신이 제너럴리스트다!

넓게 읽기,

넓게 읽고
제너럴리스트가 되자

　세상은 갈수록 복잡하고 다양한 일들과 얽힌 문제들이 눈더미처럼 쌓여간다. 이런 시대를 잘 살기 위해 모든 것을 아우를 수 있는 사람, 곧 제너럴리스트가 되어야 한다. 한 우물만 판다는 말은 옛말이다. 여러 우물을 연결하고 융합할 줄 알아야 세상을 읽고 리드한다. 다양한 분야의 지식과 경험을 가진 제너럴리스트는 넓게 읽기를 생활화한다. 넓게 읽기는 전문 분야가 아닌 사회와 문화 전반에 걸쳐 폭넓은 지식, 즉 교양을 읽는 것이다. 어떤 분야의 책이든 집어서 소화시켜야 한다. 편독가가 아닌 다독가가 될 때 정확한 전문가로 성장할 수 있다. 시대는 점점 종합적이고 유연한 사고를 하는 전문가를 필요로 한다. 그 대안은 넓게 읽기다.

2006년 스물여섯 살 때 내 인생은 목사가 되어야 하는 분위기로 흘러갔다. 교회 생활을 뜨겁게 하면서 보고 듣고 체험한 것들이 넘쳐났다. 새벽, 철야, 수요, 주일 예배와 매일 기도회를 참석하면서 교인들이 내게 '이 목사'라고 지칭했다. 그만큼 신에 대한 열정으로 가득 찼고 더 이상의 인생 방황을 끝내고 싶었다. 어릴 적부터 나름 사명을 가지고 마사지를 즐겁게 해왔지만 무언가 늘 목말랐다. 몸을 고치기보다 더 근본적인 영혼을 고치고 싶었다. 목사가 되는 길을 알아보다 집에서 가까운 침례신학교라는 종합대학을 찾았다. 학비가 비쌌고 다양한 것들을 배워야 했기에 부담스러웠다. 단지 값싸게 목회에 관련한 것들만 배우고 빨리 목사가 되고 싶었다.

그때 두 명의 전도사님을 만났다. 한 분은 침례신학교 석사를 마쳤고 한 분은 군소신학 소위 무인가 신학을 하셨다. 군소신학을 나온 전도사님은 목회에 관련된 것만 6개월 속성으로 배워도 충분하다고 하셨다. 처음에는 단기간에 끝낸다는 것과 저렴한 학비가 매력으로 다가왔다. '그래, 목사가 영적인 능력만 갖추면 되지'라며 스스로를 다독이며 결정할 때 석사를 마친 전도사님이 다가오셨다. "재성아! 목사는 모든 사람을 아우를 줄 아는 능력이 있어야 해. 그러려면 제대로 학위를 주는 학교에 들어가서 다양한 공부를 해야지"라며 도전정신을 심어줬다. 아무리 생각해도 제대로 공부하는 것이 맞는 것 같았다. 결국 침례신학교에 입학했다.

입학한 날부터 졸업할 때까지 고난과 절망의 연속이었다. 식당에서 음식을 먹을 때 빼고는 하루도 마음이 편하고 행복한 날이 없었다. 신학 관련 과목을 빼고도 철학, 인문학, 역사학, 심리학, 음악학, 종교학 등 공부해야 할 과목이 너무 많았다. 문해력이 부족해 1년을 쉬고 속독훈련을 하고 돌아와도 어려운 건 마찬가지였다. 숱하게 포기하고 싶었고 군소신학교로 들어가고 싶었다. 하지만 학비와 생활비를 지원해 주는 사람들이 많았고 내 자존심이 허락하지 않았다. 돈을 벌기 위해 주말에는 전도사로 일을 했다. 할 일이 많아 머리는 더욱 터질 것만 같았다. 그런데 어느 시점부터인가 무언가 점점 채워지는 느낌이 꽉 들어찼다. 그리고 사람들은 내가 하는 말에 공감해 주었다.

6년 만에 대학 졸업장을 받으면서 학교 후문으로 머리를 흔들며 나왔다. 머리를 흔들었더니 공부했던 모든 것들이 정리되는 기분이었다. 그 뒤로 어떤 책을 봐도 전부 이해가 되고 지식들끼리 서로 융합되었다. 사람들을 만나도 내가 먼저 리드하고 가르치기에 바빴다. 이듬해에는 공부에 자신이 붙어 대학원에 진학했다. 학부 때 다양하게 배운 것들이 영향이 있었는지 다른 분야를 전공했어도 큰 어려움이 없었다. 다양하고 제대로 공부하라고 말해주신 전도사님 덕분에 객관적이고 넓게 읽는 힘을 갖추었다. 내가 항상 추구하는 것은 삶의 균형이다. 어느 한쪽으로 치우치지 않는 삶의 균형은 다독에서 온다. 곧 폭넓은 지식이 내 삶을 윤택하게 만들었다.

1999년 미국 일리노이 대학 심리학자 대니얼 사이먼스 교수는, 하버드 대학에 재직할 당시 재미있는 실험을 했다. 이 실험은 일명 '보이지 않는 고릴라'로 2004년 기발한 연구자에게 주는 이그노벨상을 수상했다. 우선 6명의 학생들을 각각 3명씩 두 팀으로 나눠 한 팀은 흰색 옷을 다른 팀은 검은색 옷을 입혔다. 실험자들은 두 팀을 섞어놓고 두 개의 농구공으로 자기 팀에게 움직이면서 패스를 지시했다. 1분 동안 이 장면을 촬영하고 학생들에게 흰색 팀의 패스 횟수를 세어보라고 지시했다. 그리고 영상을 다 본 학생들에게 교수는 뜬금없는 질문을 했다. "혹시 고릴라를 보았는가?"

이 실험에는 등장인물이 한 명 더 있었기 때문이다. 고릴라 의상을 입은 학생이었다. 패스하고 있는 두 팀 사이로 9초 동안 걸어갔고 중간쯤에서 고릴라처럼 가슴을 두드리기도 했다. 영상을 본 수천 명의 학생 중 50%는 교수의 질문에 고릴라를 보지 못했다고 답했다. 학생들이 고릴라를 보지 못한 이유는 간단하다. 흰색 팀의 패스에만 집중한 나머지 검정 고릴라를 발견하지 못한 것이다. 만약 검정 팀의 패스도 신경 썼다면 검정 고릴라를 바로 알아챘을 것이다. 교수는 이 현상을 그의 책『보이지 않는 고릴라』에서 이렇게 말한다. "이러한 인식의 오류는 기대하지 못한 사물에 대한 주의력 부족의 결과이며 과학적으로는 '무주의 맹시'라 부른다."

　무주의 맹시는 '눈을 뜨고도 주의를 기울이지 않아 알아채지 못하는 현상', '특정한 것 하나에 몰입하여 나머지는 인식하지 못하는 현상'이다. 무주의 맹시 현상은 주변 곳곳에 넘쳐난다. 사회생활에 집중하여 가정에 소홀한 아빠, 피해자의 아픔은 생각하지 못하고 범죄의 욕망에만 빠진 가해자, 맛은 있는데 불친절해서 손님을 놓치는 사장님 등. 나무만 붙잡고 연구하면 숲은 못 본다. 물론 나무만 한평생 볼 사명을 품었다면 나무에만 집중하면 된다. 하지만 현 시대는 숲까지 볼 줄 알아야 살 수 있는 시대가 되었다. 하나로만 승부 보는 시대는 끝났다. 새 물결이 넘치는 시대에서는 다양함을 갖춰야 한다. 특정한 것에 몰입하는 것은 바보나 할 짓이다.

　무주의 맹시를 버리고 보이지 않는 고릴라를 보는 비결은 제너럴리스트에 있다. 제너럴리스트는 숲과 나무를 볼 뿐만 아니라 미래에 나타날 것도 미리 보고 끌어당긴다. 무언가 안 풀리지 않는가? 답답하지 않은가? 항상 똑같은 일들이 발생하지 않는가? 내일은 바뀌겠지 했는데 항상 그대로이지 않은가? 현실을 직시해 보라! 내가 몰라서 그렇다. 내 인생을 막는 시커먼 고릴라를 발견하지 못해서 그렇다. 다양한 책을 읽고 눈을 뜨면 전부 보인다. 다양한 직접경험은 한계가 있어 불가능하다. 다양한 책을 통해 간접경험을 하면 전부 볼 수 있다. 하나를 알아 열을 보지 말고, 열을 알고 하나에 깊이 파고들어 가는 것이 현명한 방법이다.

당뇨로 가끔씩 찾아가는 병원의 원장님이 세 분 계신다. 김 원장님은 항상 처음 볼 때는 상냥하신데 상담하는 과정에서 훈계를 하신다. 이분이 자주 쓰는 단어는 '절대'다. 절대 하지 마세요. 절대 먹지 마세요. 절대로 하면 큰일 나요. 딱 두 번 상담받고 두 번 다시는 김 원장님을 찾지 않는다. 두 번째 박 원장님은 친절하고 내 이야기를 잘 들어주신다. 절대라는 말은 쓰지 않고 그럴 수 있다며 이해해 주신다. 그런데 이분은 보조식품을 엄청나게 판매하신다. 보조식품을 안 사가면 눈빛이 변하고 말투가 바뀐다. 집에 들여놓은 보조식품만 열 가지가 넘는다. 이분에게도 몇 번 가다가 결국 상담을 포기했다.

마지막 한 원장님이 계신다. 이 원장님 방은 책 향기로 가득 차 있다. 진료실이 동서남북 책으로 둘러싸여 있고 그 책의 종류가 아주 다양하다. 의학책은 물론 소설, 자기계발, 시집, 역사, 철학, 인문학 등으로 즐비하다. 한 원장님의 상담은 책 내용과 함께 진행된다. 병에 대한 정확하고 유쾌한 해석과 운동법도 알려주고 항상 웃어주신다. 희망과 용기는 덤으로 주시고 좋은 책 소개까지 해주신다. 보조식품을 사라고 하지 않는다. 내가 오히려 추천해 달라고 말한다. 신뢰가 가기 때문이다. "책을 왜 이렇게 많이 읽으세요?"라고 물어보면 "의사라고 다 알지 못해요. 더 객관적이고 다방면으로 많이 알아야 잘 치료하죠"라고 말한다.

한 원장님은 한 분야의 전문가 곧 '스페셜리스트'다. 그냥 스페셜리스트가 아닌 다양한 분야를 섭렵하고 한 분야에 깊이 있는 전문가다. 마치 망원경으로 내 전체를 보는 것 같고, 현미경으로 내 세포 하나하나까지 발견하는 것 같다. 이런 분에게 내 몸을 맡긴다는 것이 얼마나 감사한지 모른다. 이분을 통해 깨달은 것이 있다. 스페셜리스트의 전제 조건은 반드시 제너럴리스트를 거쳐야 한다는 것이다. 진짜 전문가는 여러 가지를 아우른 상태여야만 한다. 우물은 넓게 파야 깊게 팔 수 있다. 좁게 파면 더 이상 들어갈 수 없다. 성도 넓게 쌓아야만 안전하고 높게 쌓을 수 있다. 좁게 쌓으면 곧 무너지게 되어 있다. 깊이와 높이는 넓이를 필요로 한다.

내가 한 원장님을 신뢰하고 좋아하듯 많은 환자들도 한 원장님만 찾는다. 의학으로 다가오다가 인문, 철학, 역사, 자기계발을 결합해 다가오는 방식에 환자들은 매료되어 있다. 이 병원을 갈때면 항상 코닥필름과 후지필름을 연상하게 된다. 코닥은 가장 먼저 필름 사업으로 문을 열어 성공을 이루었다. 하지만 디지털 카메라와 스마트폰의 열풍으로 필름의 종말을 맞이했다. 그런데 코닥의 대처는 소극적이었다. 결국 2012년 파산 신청을 하기에 이르렀다. 반면 후지필름은 잘나가던 필름 사업을 접고 화장품과 의약품으로 종목을 바꿨다. 그 결과 위기 속에서 살아남고 상한 기업으로 변신했다. 계속해서 새로움을 요구하는 시대에는 다양함을 갖춘 제너럴리스트가 살아남게 된다.

코닥은 뒤늦게 '코닥어패럴'이란 브랜드로 의류시장에서 명성을 쌓고 있다. 세상의 소리가 안 들린다면 빨리 태세를 전환하고 귀를 기울여 들어야 한다. 세상은 하나를 원하지 않는다. 다양함을 갖춘 기업과 사람들에게 제대로 된 하나를 원한다. 내가 치유사로 이름을 알린 것은 넓게 읽기 덕분이다. 마사지 외에 인사, 칭찬, 경청은 물론 폭넓은 지식과 정보로 상대방과 공감했기 때문이다. 시대는 계속 변하고 새로운 것들이 넘쳐난다. 어느 분야든 박식한 사람만이 살아남는다. 다산 정약용은 유배지에서 열 가지 이상의 학문을 공부하고 책을 썼다. 책을 넓게 읽는 사람만이 깊고, 높고, 멀리 도달한다. 넓게 읽고 세상을 움직이는 당신이 제너럴리스트다!

★   ★   ★

"세상에서 가장 위험한 사람은 단 한 권의 책만 읽은 사람이다."

– 토마스 아퀴나스

깊게 읽기,

깊게 읽고
스페셜리스트가 되자

넓게 읽기를 하고, 특정 주제를 발견했다면 이제는 깊게 읽기를 해야 한다. 넓게만 읽다 보면 깊어질 수도 높아질 수도 없다. 평평하고 특색이 없다. 목적과 초점이 없는 독서는 흥미가 없고 지루할 뿐이다. 과녁 없는 화살은 목표에 도달하지 못하고 땅에 떨어진다. 넓게 읽기로 화살을 많이 만들어 놓았다면 이제는 깊게 읽기라는 주제의 과녁으로 쏴야 한다. 특정 주제로 찾아가야 한다. 이것이 목적 있는 독서다. 학부에서 석사, 박사로 진학하듯 교양을 갖췄으면 이제 전공을 선택해 심화 과정으로 나가보자. 한 분야를 집중해서 읽으면 스페셜리스트라는 전문가가 되어 있다. 인생에 한번쯤은 한 분야의 전문가로 살아가야 하지 않을까?

1년간 속독학원에서 훈련할 당시 매일 서점과 도서관에 들러 넓게 읽기에 몰두했다. 물론 속독으로 읽었기에 깊이는 없었다. 그래도 제일 행복한 시간이 독서하는 시간이었다. 하루도 손에서 책을 놓아본 적이 없다. 첫 장부터 끝 장까지 책을 넘긴다는 것이 신기했다. 이 책 저 책 아무 책이나 집어 읽었다. 법학, 정치학, 물리학, 인문학, 철학, 심리학, 역사학, 미술사학 등 다양한 학문을 읽었다. 1년이 지나고 학교로 돌아왔을 때 그야말로 지상낙원에 입성한 기분이었다. 내가 다니는 대학 도서관에 다양한 책이 많다는 것과 그 다양한 책이 보인다는 것에 놀라웠다. 수업이 끝나면 도서관에 가서 눈앞에 보이는 대로 골라 잡아 책 읽기를 시작했다.

3년 정도 넓게 읽기로 시간을 보내면서 근심 걱정이 생겨났다. 주변에서는 만물박사 박식가로 불렸지만 정작 내 속은 공허했다. '나는 누구지'라며 정체성에 혼란이 오고 미래가 무척 불안했다. 학교를 다니면서 어떤 주제를 전문적으로 쌓고 깊이 파놓은 것이 없었다. 도서관에서 한참을 고민하면서 내 장점과 흥미롭게 배웠던 것을 추려보았다. 관심 레이더망에 '조직신학' '방언' '말투' '마사지'라는 네 가지의 주제가 포착됐다. 졸업 때까지 학교 수업이 넓게 읽기였기에 다른 넓게 읽기는 멈추었다. 그동안 넓게 읽기는 교양을 쌓는 책 읽기의 훈련이었다. 이제는 네 가지 주제를 깊게 읽기에 몰입했다. 스페셜리스트로 향하는 대망의 시작점이었다.

조직신학과 방언을 주제로 한 책을 100권 이상 읽었다. 그 당시 웨슬레, 켄달, 벌코프, 폴틸리히, 로이드 존스, 존 머레이, 럭크만 등 조직신학의 대표 작가들을 만났다. 교인들이 나를 통해 조직신학의 큰 틀을 배우곤 했다. 방언을 인정하고 부정하는 다양한 책을 비교하며 읽으니 더욱 깊어지고 내 색깔이 뚜렷해졌다. 방언은 사도행전에 나오는 마가의 다락방에서 120명에게 주어진 외국어와 비밀언어다. 방언은 신앙 생활을 신명나게 하고 믿음을 더욱 굳건하게 해주는 신비한 기도다. 사람들이 나에게 방언이론을 듣고 그 즉시 방언을 하는 신비한 기적을 체험했다.

말투와 마사지 관련 책은 지금도 계속 깊게 읽고 있다. 내 말투를 통해 영혼이 치료되고 마사지를 통해 육체가 치유되도록 매일 공부한다. 그래서 이런 이론도 만들었다. '좋은 메시지가 마사지가 되고 좋은 마사지가 메시지가 된다.' 메시지가 좋으면 영혼육을 치료하고 마사지가 좋으면 육혼영을 치유한다. 사람을 말로도 바꿀 수 있고 마사지로도 바꿀 수 있다는 말이다. 말투와 마사지는 내 삶의 현장에 매일 필요하다. 그래서 과감하게 이런 책에 투자한다. 나는 말투를 주제로 책을 써서 분야 1위를 했다. 매일 내 말투로 많은 사람들을 감동시킨다. 유명인들이 비싼 돈을 내고 마사지를 받으러 찾아온다. 관심 있는 분야를 찾아 그 주제를 깊게 읽고 전문가가 된 결과다.

미국 시카고 대학 법철학 교수이자 브리태니커 편집장인 모티머 J. 애들러는 독서법의 권위자다. 그는 학생들이 어떻게 하면 책에 더 가까이 가고 책을 더 잘 읽을 수 있을지 늘 고민했다. 그런 사명 덕분에 훌륭한 독서법 강의를 했고 독서법의 바이블 같은 책을 다수 출간했다. 모티머는 책『독서의 기술』에서 독서의 최고 단계를 '신토피칼 독서', 즉 '주제독서'라고 말했다. 'syn'은 '함께' '비슷한' '동시에'라는 뜻이고, 'topical'은 '화제의 제목'이란 뜻이다. 한마디로 '화제가 되는 주제의 책을 함께 읽는 독서법'이라 할 수 있다. 같은 주제에 대해 두 권 이상의 책을 읽고 비교 분석하여 실체를 파악하는 방법이다.

그는 말한다. "가장 고도의 독서 수준은, '신토피칼 독서'다. 이것은 가장 복잡하고 조직적인 독서법이며, 설령 평이하고 알기 쉬운 소재라 하더라도 상당한 노력이 필요한 독서법이다. 신토피칼 독서는 비교독서법이라고 부를 수도 있을 것이다. 신토피칼로 읽는다는 것은, 한 권뿐만 아니라 하나의 주제에 대하여 몇 권의 책을 서로 관련지어서 읽는 것을 말한다. 숙달된 독자는 읽은 책을 실마리로 하여 '그러한 책에 확실히는 쓰여 있지 않은' 주제를 스스로 발견하고 분석할 수도 있게 될 것이다. 신토피칼 독서는 최고로 적극적인 독서법이다."

스페셜리스트가 되는 길은 결코 쉽지 않다. 그저 아무 책이나 넓게 봐도, 한두 권의 책을 봐도 절대 불가능하다. 정확한 주제를 정하고 복잡하고 조직적으로 치밀하게 다양한 책을 통해 비교 분석해야 한다. 이런 방식으로 독서를 하면 새로운 이론과 주제들을 내가 만들게 된다. 기존의 것을 통해 새로운 것을 창조한다. 전문가 위에 더 위대한 전문가가 탄생한다. 모티머는 한 주제의 실체를 파악하려면 100권 이상을 읽어야 한다고 말한다. 전문가라 칭하는 박사는 한 논문당 100권 이상의 책을 읽는다. 주식 전문가가 되려면 최소 주식책 100권을 읽어야 한다. 위로 높게 쌓아야만 아래로 깊게 파고 들어갈 수 있다. 그 기준이 100권이라는 것이다.

책을 읽고 그저 나만 흡족하고 끝난다면 이기적인 독서요, 잘못된 독서다. 책을 제대로 읽었다면 누군가에게 도움이 되고 사회에 영향을 끼쳐야 한다. 그런 독서가를 전문가라고 칭한다. 모티머는 세상에 영향을 주는 진짜 전문가는 신토피칼 독서에 능통해야 한다고 말한다. 그 밑 단계에 머무르는 독서를 한다면 가짜 전문가다. 신토피칼 독서의 밑 단계는 초급, 점검, 분석 독서다. '초급'은 단어를 식별하고 문장과 문맥을 이해하는 단계다. '점검'은 '표저프에목발' 즉 골라 읽는 단계다. '분석'은 정독과 재독으로 한 권을 소화해 내는 단계다. 초급, 점검, 분석 이 세 단계를 지나 '신토피칼' 세계에 도달해 있는 사람만이 전문가, 바로 '스페셜리스트'다.

나와 친분이 두터운 김 작가는 부동산 투자와 부자 마인드의 전문가다. 학창 시절부터 넓게 읽기만 해왔지 한 주제에 깊이 있는 독서를 한 적이 없었다. 3년 전 '책 좀 읽으라'고 귀가 따가울 정도로 강요하는 나를 통해 깊이 있는 독서에 눈을 떴다. 만날 당시에 뭔가를 크게 이룬 자산가는 아니었다. 하지만 깊게 읽기를 통해 투자 전문가가 되면서 누구도 상상 못 할 100억 대 자산가가 되었다. 나는 여기서 멈추지 말고 부동산 투자 책을 써보는 게 어떠냐고 권유했다. 힘든 노고 끝에 부동산 투자 분야 베스트셀러 작가가 되었다. 더 나아가 부자들의 마인드를 깊게 읽고 책을 출간했다. 이 역시 사람들에게 영감을 주며 베스트셀러에 등극했다.

김 작가가 처음부터 깊게 읽기에 몰입을 해서 그 분야의 일인사가 된 이유가 있다. 바로 사명감이다. 자신의 사명을 일찍 찾고 그것을 책과 결합해 확실한 전문가요 최고의 전문가가 됐다. 우주가 각 사람에게 특별히 맡겨준 일을 사명이라고 한다. 사명을 찾는 방법은 쉽다. 어떤 일에 남들보다 더 뛰어나서 열매를 맺고, 남들이 인정해 주고, 그 일에 아픔을 겪은 것이다. 이 사명은 세상 모든 사람에게 주어졌다. 우리가 방황하는 이유는 아직 사명을 발견하지 못해서다. 김 작가는 부동산 투자에서 몇 번의 아픔과 열매를 경험했다. 또 남들에게 조금씩 인정받았다. 이런 사명과 깊이 있는 책 읽기가 만나 김 작가의 우주가 확장된 것이다.

깊게 읽기를 통해 스페셜리스트 곧 전문가가 되면 자신뿐 아니라 남들에게도 혜택을 준다. 사명을 위해 목숨을 거는 사람이 진짜 전문가다. 사명이 없는 전문가는 목숨을 걸지도 않고 자기 목구멍을 위해 일한다. 김 작가는 많은 사람들을 부자로 만들어 줬고 부자 마인드를 장착해 줬다. 무엇이 좋아 보이고 편할 것 같아서 전문가가 되지 말고 맡겨진 사명을 발견해 보자. 아직 내 사명을 발견하지 못했는가? 특별한 재주가 없어서 방황하고 있는가? 그렇다면 깊게 읽기보다 넓게 읽기를 먼저 시작하라. 넓게 읽기로 다양한 주제 앞에 나를 허물어뜨리고 나를 낯선 사람으로 만들어 보자. 어느 순간 나를 발견하고 관심 분야가 포착된다. 사명감이 생겨난다.

나는 이런 사명감으로 깊게 읽는 독서법을 '십자가 독서'라고 말한다. 김 작가에게도 항상 알려줬던 십자가 독서법은 이렇다. 굳이 종교 용어를 써서 미안하지만 이해를 돕기 위해 사용하겠다. 십자가의 가로 방향은 하나님의 보편적인 사랑, 일반 계시다. 십자가의 세로 방향은 특별한 사랑, 특별 계시다. 때가 돼서 예수를 이 땅에 보낸 의미다. 예수가 사명을 갖고 왔고 예수를 만나면 모두 사명을 좇아 산다. 가로 독서는 넓게 읽기다. 보편적으로 지식을 얻게 되는데 넓게 읽기의 때가 차면 세로 독서를 만난다. 세로 독서의 깊게 읽기는 특별한 지식을 얻어 사명을 갖는 전문가적 독서다. 진짜 독서는 반드시 넓게 읽기에서 깊게 읽기로 나아가야 한다.

나의 진짜 사명과 맞는 주제를 만나면 독서의 높이가 위로 쌓여간다. 위로 쌓일수록 아래로 깊게 파고 들어간다. 위대한 사명자는 산보다 높고 바다보다 깊은 스페셜리스트다. 넓게 읽기를 통해 특별하게 관심 가는 주제를 찾아라. 아픔이 있는 주제, 남보다 잘하고, 잘 아는 주제도 찾아라. 그곳에 내 사명이 있다. 나를 전문가로 만들어 줄 깊게 읽기가 여기서 시작된다. 나에게 그 사명은 말투와 마사지였고, 김 작가는 부동산 투자와 부자 마인드였다. 누구에게나 주어진 사명을 반드시 찾는다면 높고 깊은 독서가 시작된다. 주제에 대한 깊게 읽기를 시작했다면 더도 말고

덜도 말고 딱 100권만 읽어보자. 예수보다 더 위대한 그 분야의
사명자가 되리라!

★　★　★

"우리의 정신이 형성되는 것은
넓은 독서보다는 깊은 독서에 의해서이다."

– 퀸틸리아누스

반복 읽기,

반복해서 읽고
망각을 잡자

모든 것을 잘하고 싶고 잘되고 싶은 게 사람 마음이다. 하지만 기적은 하루아침에 일어나지 않는다. 시간이 필요하다. 무엇이 안 된다는 것은 대부분 어떤 사실을 잊어버린 '망각' 때문이다. 망각 때문에 습관이 안 잡히면 원점으로 돌아간다. 망각을 잡고 습관을 만들고 하루아침에 기적을 일으키는 방법이 있다. 바로 '반복'이다. 반복은 망각을 잡고 습관을 형성한다. 반복은 어느 분야든 완성체로 만들어 준다. 아무리 훌륭한 책이라도 한 번 읽고는 알 수 없지만 반복에 반복을 더하면 알게 된다. 책을 읽어도 남는 게 없다는 것은 반복해서 읽지 않았다는 말이다. 반복해서 읽게 되면 읽을 때마다 문장이 뇌리에 꽂힌다. 가슴속에서 살아 움직인다.

고등학생 때 이국적이셨던 일본어 선생님을 좋아했다. 얼굴도 낯설고 언어도 낯설었지만 가끔씩 내게 해주시던 칭찬 때문에 선생님을 좋아했다. 공부에 흥미 없었던 내가 유일하게 관심을 가진 과목은 일본어였다. 하지만 아무리 집중하려고 해도 공부 머리가 없어 귀에도 안 들어오고 눈에 읽히지도 않았다. 그때 선생님이 해주신 말씀이 있다. "차분히 반복해서 읽으면 다 보여. 반복해서 읽으면 안 잊어버려." 이 말에 용기를 얻고 다른 수업 시간에도 일본어 책을 보고 버스에서도 줄곧 일본어 책만 읽었다. 학교가 끝나고 마사지 일을 하러 가서도 일본어에 집중했다. 그러다 일본 손님이 오면 읽은 단어를 하나씩 써먹어 보기도 했다.

'이랏샤이마세' '하지메마시떼' '콤방와' '오히사시부리데스' '다이조부데스까' '아리가또고자이마스' 책 내용을 하나씩 써먹기도 하고 책을 반복해서 읽으면서 일본어 실력은 무척 늘었다. 선생님의 칭찬도 늘어갔다. "재성이 정말 훌륭하다. 일본어를 잘하니까 일본 카이로프랙틱 대학에 가는 것도 괜찮을 거야." 물론 일본 유학을 못 간 것이 아직도 아쉽다. 그래도 좋아하는 선생님을 만나 어떤 주제든 반복 읽기를 하면 나도 된다는 가능성을 발견했다. 만약 싫어하는 선생님을 통해 반복 읽기를 들었다면 읽기는커녕 반복해서 졸고 있었을 것이다. 반복 읽기는 저절로 안된다. 반드시 흥미 있고 관심 있는 책을 선택해야 망각하지 않고 반복 읽기가 실현된다.

우리의 뇌는 재미없고 싫어하는 것, 아픈 기억은 억지로 암기하지 않는다. 오히려 이런 것들을 더 망각하려 한다. 그래서 때론 망각이 축복이 될 때도 있다. 안 좋은 것들을 모조리 기억한다면 일상이 불행 그 자체다. 하지만 정말 하고 싶은 것, 좋아하는 것, 행복한 것, 꼭 도움이 되는 것은 암기해야 한다. 내 영혼을 위해서라도 망각하지 말아야 한다. 그래서 반복이 필요하다. 나는 오늘도 신문을 읽거나 책을 읽다가 좋은 문장은 반복해서 읽고 스마트폰 노트에 적는다. 다시 반복해서 읽기 위해서다. 좋은 글은 내 영혼의 상처를 치료하는 재생 크림과 밴드 역할을 한다. 반복해서 잔뜩 바를수록 치료되듯 반복해서 읽으면 영혼이 살아난다.

내 평생소원이 물에서 자유롭게 헤엄치는 것이었다. 그 꿈을 40이 넘어 수영을 배운 지 두 달 만에 이루어 냈다. 어릴 적부터 매달 한 번씩 물에서 행복하게 수영하는 꿈을 꿨다. 꿈을 꾸고 다음 날 목욕탕에 들어가 수영이 저절로 될 줄 알고 헤엄을 쳐본다. 어김없이 실패했다. 몇 개월 전 인품 좋은 선생님을 만나서 꿈꾸던 수영을 배워 지금은 누구보다 잘한다. 여기에도 어김없이 반복이 있었다. 수업이 없는 날에도 반복을 했고 수업이 끝나고도 몇 시간씩 반복해서 연습했디. 팔, 머리, 몸, 다리 동작들의 망각이 반복을 통해 사라지고 수영의 혼연일체를 이루었다. 이 망각은 반드시 반복을 통해서만 잡을 수 있다.

1885년 독일의 심리학자인 헤르만 에빙하우스는 자신의 논문 「기억에 관하여」에서 망각곡선 이론을 발표했다. 이 이론은 인간의 기억력이 시간이 갈수록 쇠퇴하는 현상, 즉 망각률을 그래프로 나타낸 것이다. 우선 마땅한 피실험자가 없어 자신을 실험자이자 피실험자로 참가시켰다. 실험의 과제는 2000개의 단어를 암기하도록 학습하는 것이다. 이때 주어진 단어는 apple, banana, peach 같은 쉽고 기억에 저장된 단어가 아니었다. 영어 자음과 모음을 무작위로 섞은 무의미한 철자를 외우게 한 것이다. 시간이 지남에 따라 인간의 망각량이 어떠한지에 관한 실험이었는데 결과는 비참했다.

새로운 단어를 학습하고 10분 후부터 망각이 시작됐다. 1시간이 지난 후에는 50%를, 하루가 지난 후에는 70%를, 한 달 후에는 80%를 망각했다. 한 달 후에 20%만 기억에 남았다는 것인데 좋게 말해 20%지만 실상은 모조리 망각했다. 기억에서 전부 사라졌다는 뜻이다. 실험을 통해 인간의 기억력은 형편없다는 것과 사람은 망각의 동물이란 것이 밝혀졌다. 물론 사람마다 문해력과 어휘력이 다르니 망각의 수준은 조금씩 다를 수 있다. 어쨌든 인간은 딱 한 번만 학습한 것은 망각한다는 것에는 동일하다.

이 실험을 통해 어떤 이는 '망각'에 초점을 맞추어 수비적으로 생각할 수 있다. "그래, 우리는 망각의 동물이야. 공부하면 뭐 해? 책 보면 뭐 해? 다 잊어버리는데!" 하지만 실망할 필요는 없다. 에빙하우스는 반복하지 않고 딱 한 번 학습하고 그것으로 망각률을 측정한 것이다. 반복해서 학습했다면 절대로 위 실험의 데이터가 나오지 않았다. 감사하게도 에빙하우스는 실험에만 그치지 않고 망각하는 우리에게 답까지 제시해 줬다. 망각이 시작되는 10분 후부터, 망각이 최고조에 달하는 한 달 후에도 '반복'을 시작하면 된다. 망각곡선을 역이용하면 된다. 10분 후 반복, 1시간 후 반복, 다음 날 반복, 일주일 뒤 반복, 한 달 후에 반복하면 망각을 잡게 된다.

우리는 망각이 아닌 '반복'에 초점을 맞추어 공격적으로 생각할 수 있어야 한다. "그래, 우리는 망각의 동물이지만 반복해서 공부하고 독서하면 전부 기억할 수 있어. 어떤 일이든 반복하면 해낼 수 있어!" 처음 딱 한 번 본 사람은 기억에서 사라진다. 아니 기억조차 안 난다. 처음 봤지만 관심을 갖고 반복해서 본 사람은 기억에 저장되고 잊히지 않는다. 얼마 전 세상에서 가장 아름다운 꽃의 도시 이탈리아의 '피렌체'를 걸었다. 두오모성당, 베키오

다리, 미켈란젤로 광장 등 동화에나 나올 법한 장소였다. 너무 설렌 나머지 하루 종일 반복해서 왔던 길을 다시 걷고 또 걸었다. 지금은 눈을 감고도 피렌체의 낭만적인 도시를 걸을 수 있다.

피렌체는 15세기 신 중심에서 인간 중심으로 문화 예술의 꽃을 피운 르네상스의 본고장이다. 지적 각성이 일어난 르네상스 시대에 천재들이 대거 출연했다. 레오나르도 다빈치, 미켈란젤로, 부르넬레스키, 라파엘로와 같은 천재들은 특징이 있다. 바로 반복 독서와 반복 동작이다. 반복 독서는 깊은 지식으로 저절로 들어가고 반복 동작은 자기 분야에서 열매의 꽃을 피워준다. '최후의 만찬', '모나리자', '천지창조', '피에타', '아테네 학당' 등이 반복으로 탄생한 작품이다. 똑똑하다는 것은 어떤 내용을 겉 핥기식이 아니라 망각하지 않고 반복을 통해 암기했다는 것이다. 남의 지식을 반복 학습을 통해 진정한 내 지식으로 만든 인물이 천재의 반열에 오른다.

15세기 르네상스 시대에 한국에도 천재 중의 천재가 활동했다. 조선시대의 르네상스를 이룩한 세종대왕이다. 조선 4대 임금인 세종대왕은 백성들의 편리와 나라의 정체성을 위해 훈민정음을 창제했다. "우리나라 말이 중국과 달라서 서로 통하지 못한다. 이런 까닭으로 어리석은 백성이 말하고자 하는 바가 있어도 마침내 제 뜻을 펴지 못하는 사람이 많다. 내가 이것을 딱하게 여겨 새로 스물여덟 글자를 만드노니….” 한글은 전 세계의 언어학자들이 “가장 진보된 과학적이고 배우기 쉬운 언어”라고 극찬했다. 세종은 문자를 만들고 더불어 우리나라의 문명을 탄생시키고 발전시켰다. 정치, 경제, 과학, 국방이 세종대왕을 통해 튼튼하게 갖춰진 것이다.

천재 세종대왕의 이런 훌륭한 업적들은 반복 독서를 통해서 형성된 것이다. 그를 범접할 수 없고 탈인간급으로 만든 지적 능력의 비결은 ‘백독백습’에 있다. 즉, 백번 읽고 백번 베껴 쓴 것이다. 말이 백번이지 한 권을 집중해서 10번 읽기도 힘들다. 세종은 밤낮을 가리지 않고 눈병에도 개의치 않고 백독백습을 실천했다. 지금 읽고 있는 책의 정보가 자기의 지식이 되기 전까지는 손에서 책을 놓지 않았다. 우리의 독서는 어떤가? 한 권을 제대로 이해하지도 못한 채 망각을 동반하여 다른 책으로 넘어가기 일쑤다. 망각도 망각한 채 권수만 채우는 독서로는 절대로 세종 같은 인물이 나올 리 만무하다.

백번은 아닐지라도 반복 독서를 통해 망각을 잡을 수 있다면 반드시 시대의 인물이 된다. 꿈꾸는 분야의 자격시험을 통과함은 물론이고 정확한 지식으로 문제를 해결한다. 전문가는 어떤 지식 앞에 가물가물하지 않고 정확히 알고 말해야 한다. 이것인지 저것인지 구분 못 하면 전문가가 아니다. 우리는 어느 한 분야의 전문가 곧 '신'이 될 수 있다. 신은 전지전능하다. 신에게 망각은 있을 수 없다. 반복을 통해 망각을 잡는다면 신이 된다. 공부의 신 강성태는 『66일 공부법』에서 이렇게 말했다. "고3 시절 나는 매일매일 수업을 완벽하게 이해하는 것은 물론 완전히 암기할 정도였다. 어떻게 이렇게까지 할 수 있었을까? 비결은 반복학습이다."

숱한 실패 속에서 반복을 통해 천재 발명가가 된 에디슨은 "천재란 1%의 영감과 99%의 노력으로 이루어진다"라고 말했다. 99%의 노력이 '반복'이다. 그냥 천재는 없다. 반복하여 망각을 없애고 암기할 때 천재가 된다. 천재 전문가는 '독서'라는 도로를 통해 입성한다. 내 삶이 천재도 전문가도 신도 아니라면 돌아보라. 독서의 길을 지날 때 항상 망각하지 않는지? '읽어도 남는 게 없다'는 말은 책의 문제가 아니라 당신의 동반자 '망각'의 문제다. 육체가 건강하면 독서도 잘된다. 영혼이 육체를 주관한다. 영혼의 치매를 일으키는 망각을 잡아야 육체가 강건해진다. 우리의 건강한 독서 혁명을 위해 '반복' 독서를 시작하자. 망각은 반복을 통해 반드시 정복된다. 바보처럼 반복하자.

"반복은 천재를 낳고
믿음은 기적을 낳는다."

- 박세리

독서에는 답이 없다, 그럼에도

자신만의 답은 있다

지금까지 내가 알고 있는 독서법들을 나열해 보았다. 정독, 발췌독, 밑줄, 필사, 주말, 자투리, 모임, 낭독, 속청, 넓게, 깊게, 반복 읽기 등. 사실 더 많은 독서법이 있지만 게으른 탓에 모두 열거하지 못했다. 마지막으로 하고 싶은 말이 있다. 독서법에는 정답이 없다는 것이다. 자기만의 방법을 찾아서 꾸준하게 독서해야 한다는 것이다. 나에게 맞는 독서법이 타인에게는 맞지 않을 수 있다. 누구는 밑줄 긋기를 좋아하고 누구는 싫어할 수 있다. 발췌도 마찬가지다. 반복해서 읽는 사람도 있고 한 번만 읽는 사람도 있다. 새벽에 읽는 사람, 밤에 읽는 사람이 있다. 각자의 취향, 지능, 감성이 다르고 환경이 다르다. 정해진 독서법보단 자신에게 맞는 독서법을 찾아야 한다.

독서법에 정답은 없지만 기준은 있다. 다양한 방법으로 꾸준히 읽는 것이고, 독서로 내 생각과 행동 곧 삶이 변해야 한다. 다양한 방법도 모른 채 자기 방식이 최고라고 하면 그 수준을 알 만하다. 예전에 읽고 지금 읽지 않는다면 독서와는 거리가 먼 사람이다. 독서를 하는데도 여전히 예전과 같은 사고방식, 같은 행동패턴을 보인다면 안 하는 것이 낫다. 정답은 없지만 어떤 독서법이든 내 삶이 변하지 않는다면 무의미한 독서이고 가짜 독서다. 독서하는 모든 사람에게 공통된 기준은 '삶의 변화'다. 나는 독서법이 바뀔 때마다 한층 성숙되는 내 모습을 본다. 지금도 다양한 방법으로 꾸준히 읽고 생각과 행동에 영향을 주고 있다.

누군가 인류 역사상 가장 많이 팔린 책이 성경이고, 책(book)은 성경(bible)을 의미한다고 말했다. 20대 초반에 대부분 그렇듯 최초와 최고에 심취해 있었기에 성경책은 내 우상이 되었다. 성경을 구입한 날부터 즉시 일곱 색깔 무지개 연필로 밑줄과 동그라미를 치기 시작했다. 창세기부터 계시록까지 내 머리로는 말도 안 되는 내용이었지만 색연필을 따라가기 시작했다. 한 글자도 빠짐없이 색을 칠하고 다음번에 읽을 때는 다른 색으로 겹쳐 밑줄을 쳤다. 성경만 펼치면 마치 천사들과 사탄들의 전쟁터인 것마냥 복잡하고 지저분했다. 그렇게 밑줄 전쟁을 치르면서 10권을 갈이치웠다.

"각각의 새로운 책은 하나의 거대한 도전이다."

– 피터 스트라우브

밑줄을 바탕으로 한 권 한 권 교체될 때마다 내면과 외면에는 성장이 일어나고 삶이 변화되었다. 학창 시절 공부를 안 한 내 자신에게 보상하는 기분이라 더욱 매진했다. 성경 속 인물을 통해 인간의 심리를 알게 되면서 나의 심리를 바꾸고 타인의 심리도 읽는 힘이 생겼다. 지혜를 터득하여 삶과 일터에 꾸준히 적용해 나갔다. 몸에 안 좋은 것들을 구분하여 안 먹기 시작했다. 내뱉는 말을 바꿔 안과 밖을 다스렸다. 그렇게 사고방식과 행동들이 바뀌면서 독서법도 점차 바뀌기 시작했다. 밑줄 치며 낭독을 시작했고, 필사를 하고, 빠르게도 천천히도 읽고, 반복해서도 읽었다. 다양한 방법으로 읽을 때마다 깨달음의 수준이 깊어졌다. 삶의 수준도 180도 바뀌었다.

지금은 독서법이 많이 바뀌었다. 밑줄은 전부 치지 않고 필요한 곳에만 연필로 친다. 그렇게만 해도 바로바로 깨달음이 주어진다. 초창기에는 밑줄을 쳐도 이해가 안 됐지만 지금은 보기만 해도 쉽게 이해가 되니 정말 신기하다. 책 전부를 낭독했다면 지금은 정말 귀한 구절에서 여러 번 낭독한다. 기존 방법이 많이 변했고 나만의 독서법이 생기기도 했다. 책을 거꾸로 읽기도 하고, 중간이나 끝에서부터 읽기도 한다. 이렇듯 독서법은 변화를 줘야 한다. 기도할 때 다양한 언어는 은혜를 더하고, 마사지에서 다양한 기술은 회복 속도를 빠르게 한다. 다양한 독서법은 손에서 책을 놓지 않게 해주고 생각과 행동을 바꿔준다. 독서법의 정답보다는 기준을 생각해 보자.

불교 용어에 '제행무상(諸行無常)'이란 단어가 있다. 우주의 모든 사물과 세상은 하나의 모양으로 정해져 있지 않고 늘 변하고 다채롭다. 그런 이유로 어느 사람이나 물질, 사상, 현상, 관념, 일, 방법 등 한 가지에 집착하지 말라는 뜻이다. 영원한 것이 없다는 말이 영원한 진리인 것처럼 이 현실 세상에 변하지 않는 것은 하나도 없다. 믿었던 사람이 뒤통수를 치고, 찔러도 피 한 방울 나지 않을 것 같은 사람이 어느 날 대성통곡하고 있다. 공산주의를 신봉하던 사람이 탈북하고, 거룩함을 외치던 성직자가 타락의 길에서 할렐루야를 외친다. 어릴 때 신동이 성장해 평범한 인물이 되어 있다. 모든 것을 '제행무상'으로 바라봐야 집착하지 않게 된다.

독서법에도 제행무상을 적용해 볼 수 있다. 그 대신 많은 방법들을 경험해 봐야 한다. 몇 가지만 해보고 제행무상을 말하는 것은 어리석다. 가진 자가 줄 수 있고 가진 자가 말할 수 있다. 가지도 않고 경험해 보지도 않은 사람은 입을 닫아야 한다. 밑줄 쳐보지 않은 자, 사색 없이 읽는 자, 낭독 없이 속으로 읽는 자, 독서모임을 무시하는 자, 대중교통을 이용하면서 읽어보지 못한 자,

넓게 깊게 읽어보지 못한 자. 이런 사람들의 독서 수준은 기본적으로 얕다. 깊어지려면 일단은 한 가지에 집착해야 한다. 몇 년은 집착해서 내 것으로 만들어야 한다. 내 것이 되어 익숙해지면 다른 독서법으로 갈아타야 한다. 독서의 희열도 맛보고 독서의 임계치도 올라가 봐야 한다.

한동안 나를 깊은 독서로 이끌어 주는 독서법이 있다면 그것을 따라 열심히 파고들어야 한다. 밑줄 치며 읽어보니 집중이 잘되고 머리에 쏙쏙 들어오면 한없이 밑줄을 쳐본다. 시끄러운 지하철을 타고 역에 내리는 것을 잊을 정도로 책이 읽힐 때면 종점까지 가본다. 『논어』의 "벼슬자리가 없는 것을 걱정하지 말고, 그 자리에 설 자격을 갖추었는지를 걱정하라"는 귀한 문장을 붙잡고 하루 종일 사색에 빠져도 본다. 발췌독으로 하루에 100권을 읽어보기도 한다. 한 달 살기로 바다로 가서 수십 권을 읽어본다. 많은 독서법들이 나를 통과하면 된다. '제행무상'은 많은 집착을 끝냈을 때 할 수 있는 행동이다.

어느 것 하나에 집착하지 않고 자유롭게 독서하는 그날 즉 '제행무상 독서법'은 반드시 찾아온다. 집착을 끝내려면 집착해야 한다. 모두 경험해 보면 자유롭게 독서하고 있는 날이 찾아온다. 수영 기술을 전부 익혀 어떤 동작이든 자유자재로 헤엄치는 것과 같다. 마사지하다 손을 다쳤을 때 나는 팔꿈치와 발과 무릎으로도 자유롭게 치료했다. 오늘도 나는 어떤 환경, 어떤 수준의 책, 어떤 기분, 어떤 조건에서든 개의치 않는다. 얽매이지 않고 집착하지 않고 자유롭게 독서를 시작한다. 우리가 제행무상 독서법을 시작할 때 독서의 자유를 만끽할 수 있다. 정답이 없는 독서를 한다. 꾸준히 하는 독서, 삶을 변화시키는 독서로 점차 운명을 변화시켜 나간다.

독서법의 큰 정답은 '수불석권(手不釋卷)'과 '개권유득(開卷有得)'이다. 즉, 손에서 책을 놓지 않고 매일 글을 읽어, 소득과 유익함을 얻어 인생을 바꾸는 것이다. 이 큰 정답을 위해 작은 정답들을 만들어 나가야 한다. 내게 수많은 독서법의 작은 정답들을 지나가게 해보자. 쓸모없는 독서법은 하나도 없다. 모두가 필요하다. 발췌 독서, 밑줄, 필사, 사색, 수준에 맞는 책, 주말 독서, 여행 독서, 멀티 독서, 자투리 시간, 정한 시간, 독서 모임, 낭독, 속청, 질문, 적용, 넓게, 깊게, 반복 독서 등에 집착해서 내 것으로 만들어라. 어느 날 집착들이 사라지고 작은 정답들이 하나하나 쌓일 때 빛나는 성이 완성된다. 그 성은 독서를 통한 '인생 완성'이다.